U0112491

本书系上海市哲学社会科学规划课题
一般项目（2022BZX002）的阶段性成果

智能文明时代的
哲学探索丛书

成素梅 主编

韩王韦 —— 著

尼采的三副面孔

上海社会科学院出版社
SHANGHAI ACADEMY OF SOCIAL SCIENCES PRESS

总序

智能文明时代是哲学问题迸发的时代

以人工智能为核心的第四次技术革命的深化发展,不仅重新定义了我们时代的技术,迎来了技术发展的新时代,而且正在将人类文明的演进方向从工业文明时代和信息文明时代全面推向智能文明时代。

智能文明时代是人类社会由依赖于科学技术的发展不断转向受科学技术驱动发展的时代。如果说,以机械化、自动化、信息化为标志的前三次技术革命是赋能,目标是拓展人的肢体能力,追求物质生产的自动化和最大化,其结果是将人类文明从农业文明转向工业文明和信息文明,那么,以网络化、数字化、智能化为标志的第四次技术革命则是赋智,目标是增强机器的感知力和决策判断力,追求生产过程的自主化和无人化,其结果是将人类追求自动化的目标从物质拓展到思想,从双手拓展到大脑,从肌肉拓展到心灵,从体力拓展到精神,从有形拓展到无形,其发展趋势将会是对工业文明釜底抽薪,颠覆其发展理念,摧毁其制度大厦,成为工业文明的掘墓人和智能文明的缔造者。

智能文明越向纵深发展,在赋能时代形成的概念范畴的解释力就越弱,其社会运行与管理机制的适用性就越差。这也表明,人类社会从赋能时代向赋智时代的转变,不再是发展信念的转变,而是概念范畴的重建。概念是人类认识和理解世界的界面之一。概念工具箱的匮乏,不只是一个问题,还是一种风险,它将使我们恐惧和拒绝不能被赋予意义的新生事物。特别是,随着人工智能、大数据、云计算、区块链、量子信息、合成生物学、基因编辑、神经科学、脑机接口、精准医学等技术的深度发展,我们人类不只有能力控制与利用外部自然和内部自然,还有能力进行记忆和情感增强,这必然会带来更多深层次的关乎整个人类命运共同体的大问题:人之为人的边界在哪里?人的哪些特征是最基本的和不可改变的?应该如何引导智能文明的发展?我们对诸如此类问题的思考,将希腊哲学家热衷讨论的"认识自我"的灵魂拷问转变为如何在实践中维护人格尊严等关乎人性的时代之问。

除此之外,网络化使 Web 既成为记录个人兴趣、诊断文化变迁、预测社会事件以及揭示社会境况等的新阵地,也为人们传播谣言、发泄情绪、侵犯隐私、弱化求真意识等提供了便捷场所;数字化模糊了真实世界与虚拟世界之间的界限,创生了一个超记忆、超复制、超扩散的世界,使人类进入数据流变的时代,使人的生活方式从购买有形实物向着订购无形服务转变,使数据成为我们认识世界的新界面,赋予人数字身份、数字画像乃至产生数字孪生等;智能化使人机关系从过去的工具关系和对立关系转向当前的合作关系,未来还有可能出现融合关系,从而颠覆基于人与工具二分所建构起来的一切制度体系及其思想观念,更重要的是,智能化在为人类的全面解放提供物质基础的同时,还会导致比解决物质贫困问题更加尖锐的问题,即解决人的精神贫穷或赋予生命意义的休闲问题。

由此可见,智能文明时代既是人类有可能获得全面解放的时代,但同时也是哲学问题迸发的时代,以及哲学探索前所未有地变得同发展科学技术与经济同样重要的时代,是科学—技术—自然—社会—人文内在协调发展的时代。鉴于这样的考虑,我们团队成员在完成"上海社会科学院创新工程(第二轮)创新项目"过程中,不再只是专注于解读古本,而是将哲学之思立足于当下和聚焦于未来,共同推出这套"智能文明时代的哲学探索"丛书。本丛书的出版受到上海社会科学院创新工程项目(第二轮)的资助,在此深表感谢!

团队成员在完成第一轮创新工程(2013—2018 年)项目时主要围绕"信息文明的哲学思考"展开,完成了两套丛书,其一是由上海译文出版社出版的《信息文明与当代哲学发展》译丛,包括五本译著:《在线生活宣言:超连接时代的人类》(成素梅、孙越、蒋益、刘默译)、《数字方法》(成素梅、陈鹏、赵彰译)、

《无线：网络文化中激进的经验主义》(张帆译)、《信息伦理学》(薛平译)和《创建互联网智能：荒野计算、分布式数字意识和新兴的全球大脑》(戴潘译)；其二是由上海人民出版社出版的《信息文明的哲学研究》丛书，包括五本著作：《虚拟现象的哲学探索》(张怡著)、《信息文明的伦理基础》(段伟文著)、《大数据时代的认知哲学革命》(戴潘著)、《人工智能的哲学问题》(成素梅、张帆等著)和《人的信息化与人类未来发展》(计海庆著)。这两套丛书也是团队成员集体完成的上海市哲学社会科学重大项目"信息文明的哲学研究"的结项成果。第二轮科学技术哲学创新学科的团队成员虽然在人员组成上有所变化，但是，我们将在前两套丛书的基础上继续砥砺前行。

本序言完稿之时，恰逢中国人民解放军建军 94 周年，在此，我代表团队成员致敬我们的英雄，祝所有的军人们节日快乐！

成素梅

2021 年 8 月 1 日，上海

序

尼采可能是史上最难定义的哲学家。他是一位反形而上学的形而上学家，反启蒙的启蒙主义者，批判科学又试图寻找一种新的科学，抨击宗教又试图呼吁一种信仰的复兴。作为积极的虚无主义者，他一方面认为人是注定要走向失败的，另一方面却又对未来之生命给予了极高的希望与想象。无论是多变的写作风格，还是广泛的思考议题，都给我们理解、阐释其思想带来了巨大的困难和挑战。

自20世纪初尼采思想被引入国门以来，如何发掘其现实意义和取鉴价值，一直是学界前辈着力研讨的问题。从五四启蒙、抗日救亡到改革开放，尼采之所以能够伴随着中国现代化进程时说时新，更多是因为我们需要借他人之酒杯，浇自己之块垒。进入21世纪后，随着生物技术、信息技术的高速发展，尼采与科学的关系逐渐成为热门话题。尼采确实阅读过大量的科学著作，包括生理学、解剖学、胚胎学、物理学等，但他毕竟不是自然科学家，他只是试图在一个弃神的时代里，从哲学角度追问：我们到底需要一种什么样的科学？

毋庸置疑，在科学与艺术之间，尼采会选择艺术，正如在艺术与生命之间他会选择生命一样。科学问题、艺术问题、伦理问题（生命问题）在尼采那里息息相关。他在追问"我们需要何种科学"的同时，也在追问"我们需要何种艺术"，以及"我们需要过一种什么样的生活"。

本书主要内容分为尼采与科学、尼采与艺术、尼采与伦理三块。

科学部分探讨了尼采与自然主义的关系、尼采与达尔文主义的关系，以

及尼采与超人类主义的关系。其实早在 100 多年前，王国维就曾指出尼采
提供了一种不同于卢梭的"新自然主义"思想(《尼采氏之教育观》)。梁启超
在《欧游心影录》里则把尼采视作达尔文的追随者，认为其哲学根基是 19 世
纪的生物进化理论。茅盾也曾把尼采解释为进化论者，并主张将其"超人"
学说理解成某种特殊的进化论(《尼采的学说》)。本部分内容一定程度上吸
取了前辈学人的洞见，试图在力所能及的范围内重新勾勒尼采的"快乐科
学"面谱。

艺术部分主要聚焦于尼采的早期思想，内容涉及酒神狄奥尼索斯、荷马
史诗和古希腊音乐剧。众所周知，尼采的学术志业起于古典学，后来因为对
古典学的历史实证主义倾向产生不满，才将兴趣转向哲学跟科学。那么，尼
采是如何完成其思想转型，并在彷徨中确立自己的学术身份的？他又为何
会在狄奥尼索斯身上看到欧洲文明的希望及未来？狄奥尼索斯与耶稣基督
之间有何隐秘关联，以及狄奥尼索斯艺术何以是一种快乐的艺术？或许我
们可以由此寻获一个颇具文艺范的尼采。

伦理部分主要考察尼采与德性伦理学运动的关系。德性伦理学运动发
端于 20 世纪五六十年代，随着这场运动的深入，尼采德性论也越来越受到
人们的关注。由于尼采特别看重个体(道德行动者)的兴盛，因此把他纳入
亚里士多德传统似乎并无不妥。但尼采对目的论的批判，对理性和中庸之
道的警惕又跟亚里士多德扞格不通。那么，应该如何理解他与亚里士多德
的关系？能否从实存论角度解释尼采的德性思想？尼采宣扬的伦理自然主
义是否可行？本部分对此均有讨论。

当然，我们很难用简笔素描的方式将尼采思想概述完全。任何哲学家
都是复杂的，尼采也不例外。尼采的复杂性跟其所处时代脱离不了干系。
19 世纪新旧思想交织，基督教信仰尚有余晖。德国观念论在黑格尔那里攀
上巅峰，旋即又随着自然科学的进展而走向破产。细胞学说、能量守恒定律
逐次被发现。费尔巴哈的人本学、叔本华的意志论、马克思的历史唯物主义
也轮番登上学术舞台。进入 19 世纪 50 年代以后，路德维希·毕希纳、卡
尔·福格特、摩莱萧特等具有生理学和医学背景的哲学家开始鼓吹科学唯

物主义,掀起了一场颇具影响力的争论。不过这场唯物主义之争很快就被一场更具影响力的达尔文主义之争所取代。于是,进化论、遗传学、优生学逐渐成为时代的主题。就此而言,尼采堪称时代之子。他博采众长,又放眼未来,对西方文明的历史问题和现实问题做了全面的反思与回应。

本书是笔者近十年研究成果的回顾。如果从写作顺序来看,结构应该是尼采与艺术、尼采与伦理和尼采与科学。之所以把尼采与科学放在首位,一方面是为了凸显尼采之于科技时代的意义,另一方面是为了凸显笔者当下的思考和关注。科学无疑主导着我们的未来。唯有通过科学,我们才能够加深对于艺术和生命的理解。但科学问题又不能只通过科学自身来解决。科学在探索未知领域的过程中往往是盲目的,它不能为自身导航。以算法和算力为基础的现代科学带来的可能不止福利,还有风险的视角性遮蔽。或许只有在生命和艺术的基准上,科学问题才能得以澄清。

需要说明的是,本书各部分虽存在内在关联,但亦可独立成篇。读者可以随意跳过某一部分而从其他部分开始阅读。十年一瞬,"万千符码万千兵,扁鼓声声闯幻宫"的昔日豪情,亦难免会被"迷陷天门阵"的氏惘所取代。但人总归会在某时某处获得某些意外的认可和鼓励,让自己保有继续"磨剑"的勇气,不为"破敌营"(像年轻时那般),但求慰平生。

是为序。

2023 年 5 月于沪

目　录

尼采与科学
自然主义 达尔文主义 超人类主义

尼采与艺术
狄奥尼索斯 荷马 古希腊音乐剧

尼采与伦理

德性伦理学运动 非道德 道德自然主义

附 录

《悲剧的诞生》导读

尼采与科学

自然主义 达尔文主义 超人类主义

如果你不想让眼与心弱化，
就要在黑暗中追寻太阳！
　　　　——《快乐的科学》

尼采为什么是一位自然主义者

近年来,布赖恩·莱特(Brian Leiter)等英美学者重提尼采与自然主义的关系,重新把尼采定义为自然主义者,引起了学界热议。议论的焦点在于:尼采是自然主义者吗? 若是,他的自然主义是何种自然主义? 以及尼采的自然主义能否与现代科学对接? 尼采虽然承认自己是自然主义者,也主张过"快乐的科学",但他所谓的科学绝非经验实证的自然科学,他的自然主义也绝非现代科学意义上的自然主义。尼采的科学以康德现象论为基础,却不以现象论为旨归,相反,他试图通过回归自然来超越现象论。尼采以权力意志和永恒轮回来理解自然。权力意志与自然的生成、流变有关,而永恒轮回则与自然的必然性、确定性有关。以此为基础,尼采构建了肯定生命之流变和命运之必然的自然主义哲学。

尼采是自然主义者吗?

尼采晚期在《偶像的黄昏》中提出了两个重要概念:"回归自然"和道德"自然主义"。然而,究竟什么是尼采的"自然"和"自然主义"? 尼采是不是一位自然主义者? 这长期以来都是学界关心的话题。

早在 1890 年,瑞典裔德国学者欧拉·汉森(Ola Hansson)就曾写过《尼采与自然主义》一文。他把"自然主义"理解为一种以左拉为代表的现代文艺流派,并试图在文章中探讨尼采与这一文艺流派的关系。[①]

与欧拉·汉森一样,许多早期研究者都把"自然主义"看成是一种简单的、非哲学的思想。因此,他们要么像奥古斯特·乔纳斯·多尔纳(August Johannes Dorner)那样,认为尼采的"自然主义"虽然独特,但却不是一种哲学观点;要么像雅斯贝尔斯那样,认为在尼采貌似简单的自然主义背后还隐藏有哲学深意。[②]

近年来,布赖恩·莱特、理查德·沙赫特(Richard Schacht)、克里斯托弗·贾纳韦(Christopher Janaway)等英美学者试图让尼采与分析哲学传统对接,重提尼采与自然主义的关系,重新把尼采定义为自然主义者,从而引发了学界的争论。争论的焦点在于:尼采究竟是不是一位自然主义者? 如果是,那么他的自然主义是何种自然主义? 尼采的自然主义与现代科学的契合程度有多大? 以及他的研究方法能不能与科学的经验方法对接?

布赖恩·莱特就认为"因果关系和因果性解释"(causation and causal explanation)是尼采自然主义的核心,而这也是近年来科学哲学关注的核心问题之一。[③] 以此为前提,他试图把尼采的自然主义科学化。在《尼采论道德》一书中,莱特把自然主义分为方法性自然主义(methodological naturalism)和实质性自然主义(substantive naturalism),并认为,方法性自然主义在探讨问题时要么依仗于科学的成果,要么依仗于科学的方法;而实质性自然主义则要么从存在论角度认为"存在的只有自然事物",要么从语义学角度认为"任何概念的哲学分析都必须合乎经验探究"。[④] 莱特认为,自然事物之外没有超自然的存在,这是尼采实质性自然主义的主要特征;而

---

① Ola Hansson, "Friedrich Nietzsche und der Naturalismus", in: *Nietzsche*. Aus dem Schwedischen Übersetzt und Herausgegeben von Erik Gloßmann, Regensburg: Klaus Boer Verlag, 1997, S. 57 - 85.

② Helmut Heit, "Naturalizing Perspectives. On the Epistemology of Nietzsche's Experimental Naturalizations", *Nietzsche-Studien*, 2016, 45 (1): p. 59. Heit 在文中把 August Johannes Dorner 笔误为 Alfred Dorner.

③ Brian Leiter, *Nietzsche's Naturalism Reconsidered*, University of Chicago Public Law & Legal Theory Working Paper, No. 235 (2008), p. 21.

④ Brian Leiter, *Nietzsche on Morality*, 2nd ed., London & New York: Routledge, 2015, pp. 2 - 4.

尼采的方法性自然主义则体现在,他解释人类道德现象时,不仅受到现代科学成果(尤其是生理学)的影响,还试图"依据科学来探究道德现象的因果决定因素"。① 因此,无论在方法性上,还是在实质性上,尼采都是自然主义者。理查德·沙赫特认为,莱特试图将尼采的自然主义科学化,然而,科学自然主义却是尼采所鄙视的东西。与其说尼采的哲学是一种科学自然主义,不如说是科学自然主义的解毒剂,也就是说,尼采在寻找一种科学自然主义的替代性方案。② 基于此,沙赫特给尼采的自然主义下了一个定义:"尼采可以被理解为一位自然主义者,因为他对一切人类事物的说明和解释,不与科学相冲突",甚至在某些地方他"还受到了科学的影响",并且他的说明和解释"不涉及其他任何超越于此岸世界之外的东西"。③ 可见,沙赫特将尼采自然主义的特征归纳为如下三点:其一,尼采只关注此岸世界;其二,尼采对此岸世界的论述与科学不冲突;其三,尼采的某些论述受到了当时科学的影响。然而如果尼采的自然主义不过是沙赫特所归纳出来的这三点的话,那么我们当下的每个人似乎都能够称得上是尼采式的自然主义者了。尼采并不比我们每个人懂得更多。沙赫特把尼采哲学变成了大众化的常识哲学。沙赫特显然已经意识到,把尼采与经验科学严格对接是不可能的事情,因此,他试图在一种更加宽泛的意义上来解释尼采与科学的关系,以便使自己显得不像莱特那么激进。然而,把尼采哲学常识化、大众化,即意味着尼采魅力的消失。

赫尔穆特·海特(Helmut Heit)在《自然化视角:论尼采的实验性自然化的知识论》("Naturalizing Perspectives: On the Epistemology of Nietzsche's Experimental Naturalizations")一文中提出了用自然主义来定义尼采时遇到的两难:如果我们放宽自然主义的内涵,使人人都是自然主义者,那么自

---

① Brian Leiter, *Nietzsche on Morality*, p. 6.

② Richard Schacht, "Nietzsche's Naturalism", *The Journal of Nietzsche Studies*, Volume 43, Number 2, Autumn 2012, p. 188.

③ Richard Schacht, "Nietzsche's Naturalism", p. 192. 需要说明的是,沙赫特的定义借鉴了贾纳韦(Janaway)的观点。贾纳韦曾给尼采的自然主义下了一个相对宽泛的定义:"尼采可以被理解为一位自然主义者,因为他所寻求的引证原因的解释,不与科学相冲突。"参见 Janaway, *Beyond Selflessness*, Oxford University Press, 2007。

然主义这个概念就会失去其存在的意义;而如果我们明确地限定自然主义
的内涵,那么尼采是不是自然主义者就是成问题的。① 于是海特认为,虽然
把尼采与自然主义联系起来不能说是全错,但在论证尼采是自然主义者的
同时,研究者却需要提供许多限定性条款以避免指责,这些逃避指责的附加
性条款如此之多,以至于常常会超出了研究的必要性而成为一种恶。因此,
与其说用自然主义这样的标签来定义尼采,倒不如通过研究其哲学特色来
丰富尼采。② 海特的观点无疑是正确的,但依此来为尼采撕掉"自然主义
者"这个标签,却未免矫枉过正。因为,早在 1873～1874 年,尼采在思考"伦
理自然主义崇拜"③的同时就曾经明确地宣称,"我们是纯粹的自然主义者"
(Wir sind rohe Naturalisten)。④ 虽然如海特所言,"自然主义"这个词在尼
采著述中出现的次数并不多,而且前后出现时的内涵也颇有不同,⑤但它却
是一个经过晚期尼采审定过的概念。尼采在他发疯前亲手审定过的最后一
本书《偶像的黄昏》中提出"回归自然"和道德"自然主义"绝非偶然。如果说
尼采早期在《悲剧的诞生》中使用"自然主义"更多遵循的是当时的惯常用法
的话,那么,到了晚期《偶像的黄昏》那里,尼采就将这个概念打上了自己的
烙印,使之成为一个可以与"超人""永恒轮回""权力意志"相提并论的尼采
式概念。我们不能因为"自然主义"这个概念出现的次数比较少,就将之屏
蔽于视野范围之外。因为除了提出"自然主义"这个概念,尼采还针对人类
的"去自然化"进程(形而上学传统、犹太-基督教传统),提出了"回归自
然"⑥和"转化回自然"(zurückübersetzen in die Natur)⑦的口号和方案。显
然,"自然"在尼采那里不仅是"重估一切价值"的标准,更是走向"超人",开

---

① Helmut Heit, "Naturalizing Perspectives", p. 63.

② Helmut Heit, "Naturalizing Perspectives", p. 57.

③ KSA7, S. 723.(尼采的著作 Kritische Studienausgabe,简称 KSA,下同)

④ KSA7, S. 741.

⑤ "自然主义"一词分别出现在《悲剧的诞生》第 7 节、《人性的,太人性的》第 1 卷第 221 节、
《偶像的黄昏·违反自然的道德》第 4 节。海特认为,在《悲剧的诞生》和《人性的,太人性的》中,自
然主义指的是一种文学艺术上的流派,而在《偶像的黄昏》中,自然主义却与健康联系了起来,也就
是说,"自然主义道德"意味着"健康的道德",参见 Helmut Heit, "Naturalizing Perspectives", p. 59。

⑥ KSA6, S. 150.

⑦ KSA5, S. 169.

展"未来哲学"的前提与依据。

　　无论我们是否承认尼采自然主义者的身份,他的"自然"思想都是研究者无法忽视的。列奥·施特劳斯、洛维特等都曾经对尼采的"自然"思想有所论述。比如在《注意尼采〈善恶的彼岸〉谋篇》(1973)一文中,施特劳斯认为,尼采试图把人类历史整合到人的自然化进程(Vernatürlichung)当中去理解,因此,自然在尼采那里具有历史属性。[①] 施特劳斯的这种看法无疑是正确的。然而,问题的关键是,尼采的自然思想并不是施特劳斯关注的重点,他只是想借此来阐释尼采未来哲学与传统哲学(比如说柏拉图主义)之间的延续性,而不像法国新尼采主义者那样,强调尼采哲学与传统哲学之间的断裂性。在这一点上,施特劳斯与海德格尔之间存在着一种隐秘的关联。海德格尔把尼采视为"最后一位形而上学家",其实也是想借此来指出尼采哲学与传统哲学之间的延续和传承。

　　洛维特与施特劳斯不同,他把尼采的"自然"概念看成是对"上帝死了"这一观点的弥补。因此,尼采的"自然"或"自然世界"在洛维特那里就具有一定的形而上学味道。洛维特认为,尼采的"自然"只是上帝的一个功能性替代品,自然作为永恒整体的必然性与人作为有限个体的偶然性之间的矛盾,只有通过"所有事件当中的绝对同质性(die absolute Homogenität in allem Geschehen)"才能够解决。这也就意味着,处于永恒轮回中的相同者(das Gleich),无论在类型上,还是力量上,都绝对的相似或者相等。[②] 如果说海德格尔试图通过权力意志来为尼采的思想寻找一种本质统一性的话,那么洛维特就是想通过相同者永恒轮回来为尼采的思想寻找一种本质统一性。显然,洛维特和他的老师海德格尔一样,都试图将尼采的思想形而上学化。所不同的是,海德格尔认为,相同者永恒轮回是权力意志的最高实现,因此,他倾向于把权力意志和相同者永恒轮回视作尼采思想的双核心;而洛维特则倾向于把相同者永恒轮回视作尼采思想的单一核心,在他的笔下,权

---

①　[美]列奥·施特劳斯:《柏拉图式政治哲学研究》,张缨等译,华夏出版社 2012 年版,第254 页。

②　Karl Löwith, *Sämtliche Schriften*, Bd. 6, Stuttgart: Metzler, 1987, S. 478.

力意志相对于永恒轮回来说显得较为次要。

21世纪以来，一些英美学者为了让尼采与分析哲学传统对接，开始重新思考尼采与自然主义之间的关系，重新把尼采理解为自然主义者，以此来否定他的"形而上学家"和"后现代主义者"身份。这些学者要么像布莱恩·莱特那样把尼采的自然主义科学化（似乎尼采哲学本质上与现代科学一脉相承），要么像理查德·沙赫特那样把尼采的自然主义大众化（似乎不仅尼采，我们每个现代人都是自然主义者）。其实他们都忽视了尼采思想中不可通约的神秘主义元素。尼采虽然在思想上有过所谓的实证期，也主张过"快乐的科学"，但是他所说的科学绝不是追求经验实证的自然科学或科学哲学，而是以康德的严格现象论（Phänomenalismus）为基础，糅合了语文学、心理学、生理学的现代成果和方法，并且具有一定神秘主义倾向的"科学"。这是尼采为自己量身打造的"科学"，也就是说，这种"科学"只属于尼采自己。

尼采的自然主义是一种现象论吗？

既然尼采的"科学"是以康德的现象论为基础，那么，他的自然主义是一种现象论吗？或者更确切的问题是，尼采是一位康德式的现象主义者吗？

"现象论"或"现象主义"（Phänomenalismus）这个词在尼采公开出版的著述当中出现过两次，一次在《快乐的科学》里，与视角主义（Perspektivismus）一词并列。① 还有一次则出现在《敌基督者》里，和尼采对佛教的理解关联在一起。尼采将佛教称为"唯一真正实证的宗教"，而将佛教的知识论称为"一种严格的现象主义"。② 也就是说，在尼采看来，现象论本质上是一种与视角主义及实证主义相关的知识论（Erkenntnistheorie）。

此外，在1885—1889年的遗稿中，"现象论"一词还出现了8次之多，这表明尼采晚期确实对康德—叔本华的"现象论"有过集中的思考。③ 不过，

---

① KSA3, S. 593.
② KSA6, S. 186.
③ 1887年手稿（标号9[126]）显示，尼采把叔本华哲学归入康德现象论的脉络之中。

尼采把"现象论"视作他思考问题的起点,而并非终点。也就是说,康德—叔本华"现象论"是尼采要超越的对象,而不是效仿的对象。

例如,在 1885 年秋—1886 年秋的遗稿中有这么一段话:

后来我意识到,道德怀疑论走的有多远了:我从哪里重新认识自己呢?

决定论:我们并不对自己的本质负责

现象论:我们对"物自体"一无所知

我的难题:从道德以及道德的道德性中,人类迄今为止得到了何种伤害呢?精神伤害等等

我对一位作为旁观者的智者的厌恶

我的更高概念"艺术家"①

这段遗稿的重要性在于,它不仅揭示出,在尼采那里,"现象论"和"决定论"是"重新认识自己"和开展道德批判的两个重要前提,也就是说,"现象论"和"决定论"是尼采"价值重估"的起点;同时,它还揭示出,在尼采那里,"艺术家"是一个比"旁观者"(智者)"更高的概念"。尼采试图借助"艺术家"来超越"决定论"和"现象论"。

"决定论"是 18—19 世纪科学界占统治地位的观点。它认为,有因就有果,万物由因果关系联系在一起,其运动则由确定的自然规律决定。如果我们把这种机械的"决定论"贯彻到底,将之运用到"自我认识"领域,那么得出的结论就是:我们不能够对自己的本质负责。因为,我们的本质在实现之前早就已经被各种因素决定了。人如果不能够对自己的本质负责,那他又如何能够对自己的行为负责呢?因为人的行为也是被各种原因提前决定了的。尼采在这里所接受的是一种严格意义上的"决定论",即与"自由意志"相排斥的"决定论"。"自由意志"这个概念无论在奥古斯丁那里,还是在康

----

① KSA12,S.158.中译本参见[德]尼采:《尼采著作全集》(第 12 卷),孙周兴译,商务印书馆 2010 年版,第 185—186 页。

德那里,都是为了让人背负责任。① 然而"决定论"却通过废除"自由意志"而免除了人的责任。人不再能够为自己的行为负责。同时,人也不再是康德所说的目的。人只是"绳索"和过渡。② 如果把人当作目的,那么尼采的"超人"就是不可能的。彻底的"决定论"把人与其他自然物等同,看成是一段被提前决定好了的运动过程。"决定论"对尼采的影响,不仅体现在他的断言"人是必然的,人是一段厄运"③之上;还体现在他的"相同者永恒轮回"之上。永恒轮回不仅仅是存在者的必然命运,它还决定了存在者的每一次存在,在形式上、细节上的相似甚至相同。④

"现象论"是康德以来德国哲学界颇为盛行的知识论观点。它区分了现象和物自体,认为人所有的知识都是关于"现象"的知识,对于"物自体",我们则一无所知。尼采认为,我们不仅对"物自体"一无所知,我们对于"现象"的知识也是可疑的。因为,如果把"现象论"坚持到底的话,我们就不能像笛卡尔或康德那样,通过自我审察(Selbst-Beobachtung)的方式来寻找知识的客观性。根本就"没有一种自我审察的现象论"。⑤ 因为自我也是被建构出来的"现象"。"没有什么比我们用著名的'内感官'(inneren Sinn)审察到的内在世界更具现象性,(或者更直白点说)更具欺骗性的了"。彻底的现象论应该是,"一切被意识到的都是现象",没有什么现象(包括快乐和痛苦)能够被确立为事件的原因或者行为的动机。⑥ 由此,尼采批判了康德用因果律来解释现象的做法。人们意识里的所有现象,都不过是以偶然的方式罗列在一起的。尼采对因果关系的否定其实更接近于休谟的经验论。休谟认为,事物之间的因果关系源于人的经验性联想(习惯),由此他否定了因果关

---

① "[自由]意志学说的发明,就本质而言是为了惩罚的目的,也就是说是为了满足那种发现有罪的意愿",参见 KSA6, S. 195。

② KSA4, S. 16.

③ KSA6, S. 96.

④ 在《快乐的科学》第341节,尼采首次讲到了"相同者永恒轮回":"你现在和过去的生活,就是你今后的生活。它将周而复始,不断重复,绝无新意,你生活中的每种痛苦、欢乐、思想、叹息,以及一切大大小小、无可言说的事情皆会在你身上重现,会以同样的顺序降临。"KSA3, S. 570.

⑤ KSA12, S. 167.

⑥ KSA13, S. 334 - 335.

系的客观实在性。所不同的是,休谟依然在习惯的层面肯定了因果关系的现实作用("习惯是人生的最大指导"①)。然而尼采却认为,给内在"现象"寻找客观性,在"现象"之间建立因果联系,不过是有理性的人(认知者)的"权力意志"在作祟罢了。因果关系在习惯层面的运用往往会引发道德谬误(参见《偶像的黄昏》"四大谬误")。

毋庸置疑,尼采确实受到了康德—叔本华"现象论"的影响,他也确实以"现象论"为基础开展了对意识领域的分析和批判。但是,能否依此认定尼采那里有一种"意识现象学"②?或者说,能否依此认定尼采是胡塞尔意义上的"现象学"先驱(萨弗兰斯基)③?这值得商榷。

胡塞尔现象学(Phänomenologie)与康德现象论最大的不同在于,胡塞尔把康德对认识和实践问题的研究改造成为对意识行为和意识内容的研究。他把研究范围聚焦于意识本身,并试图通过分析意识的意向性活动和意向关系,把哲学建构成为一门严格的科学。就此而言,尼采更接近于康德。尼采的意识理论以康德现象论为基础。他试图通过对意识领域的分析和批判,把所有本体论问题和认识论问题都还原成价值问题,从而指出价值的虚构性、欺骗性以及权力意志在价值确立过程中的决定性作用。

在康德那里,"因果关系"属于知识领域,而"自由意志"则属于实践领域。尼采通过彻底的"现象论"否定了因果关系,又通过彻底的"决定论"否定了"自由意志"。于是,人无论在实践上,还是在认知上都变得不再可靠甚至不再可能。人陷入前所未有的虚无之中。当然,这里并不是说"现象论"和"决定论"导致虚无,而是说,它们揭示了理性主义的虚无本质。

那么,"我应该如何决定自己的行为呢"(《快乐的科学》残篇11[143])?

---

① [英]休谟:《人类理解研究》,关文运译,商务印书馆1981年版,第43页。
② 布莱恩·莱特认为,在尼采那里有一种"意识现象学",参见[美]布莱恩·莱特:《尼采的意志理论》,邓安庆主编:《伦理学术》(第2辑),吴怡宁译,韩王韦校,上海教育出版社2007年版,第69页。
③ 萨弗兰斯基认为,"尼采以自己的意识分析替现象学家们做了先期的准备工作",参见[德]萨弗兰斯基:《尼采思想传记》,卫茂平译,华东师范大学出版社2007年版,第238页。

尼采的解决方案是:"回归自然"和"积极的虚无主义"。"积极的虚无主义"与叔本华的消极虚无主义不同,叔本华想通过意志的自我否定来避免生命的痛苦,达到所谓的哲学旁观,而尼采则要通过意志的自我肯定来将生命提升为比"旁观者"更高的"艺术家"。因此,"积极的虚无主义"与"自然主义""艺术家"等概念同构,是尼采对康德—叔本华"现象论"的一种超越。

既然尼采的"自然主义"不是一种康德式的"现象论",更不是一种胡塞尔式的"现象学",那么应该如何理解他的自然主义呢?

如何理解尼采的"自然"或"自然主义"?

尼采虽然受到近代科学成果(如牛顿力学和达尔文进化论)的影响,但是并不能依此断定他的"自然主义"是一种与科学相契合的自然主义。例如,尼采接受了牛顿力学,认为在自然世界中"力"(Kraft)是普遍存在的。但是,他却拒绝把"力"客观化。他认为,力必然是要去克服什么、战胜什么的,"一定量的力即一定量的冲动、意志和作为——确切地说,力无非就是这些冲动、意志和作为本身"。① 因此,力不是客观的、抽象的,它不是牛顿力学所讲的大小相等、方向相反的作用力和反作用力。力就其本质而言无非是追求胜利的意志(权力意志)。力作为求胜的意志,首先应该表现在肌肉的紧张、身体的强壮、精神的高昂之上。这种与肌肉、身体、精神相关联的力,不应该被物理学上客观抽象的力所取代。

由此可见,尼采的自然观很难能称得上是科学的。他有选择地吸收现代科学成果其实是想让它们服务于自己的哲学目的。

吉尔·德勒兹认为"力"(意志)是尼采自然思想的核心,并进而围绕着"力"(意志)将尼采的自然思想归纳为如下几点:① 力的存在是多元的、差异性的。不存在单个的抽象的力,力必然与其他力共在。② 在力与力的相互争斗、相互作用中,事物不是物理学上的"没有活力的客体";相反,"客体

---

① KSA5, S. 279.

本身也是力",客体是力"第一次和唯一一次的显现(apparition)"。③ 各种力在一定距离之内相互作用。距离是把力与力关联起来的"区分性因素"。① ④ 力在相互关联、相互作用中表现为意志(权力意志)。力与力之间的关系问题即意志与意志之间的关系问题,亦即支配意志(主人意志)与被支配意志(服从意志)之间的关系问题。由此,尼采的自然哲学步入了道德批判领域。

德勒兹把"力"(意志)当作尼采自然思想的核心,无疑是正确的。在《善恶的彼岸》第 36 节,尼采把"一切起作用的力"都视为权力意志。② 他认为,力或意志并不作用于"物质"(Stoffe),而只作用于另一个力或另一个意志。因此,世界中最基本的关系不是意志与物质之间的关系,而是力与力、意志与意志之间的关系。显然,尼采不赞同把自然看作自然物的集合,更不赞同把自然简单地二分为自然物和自然规律。相反,他更倾向于把自然放到力与力、意志与意志的相互争斗与相互作用的关系中去理解。在力与力、意志与意志的相互争斗与相互作用的关系中,力(意志)就是权力意志。因此,在 1888 年的手稿中,尼采把权力意志思考为"自然"和"自然法则"。③ 把权力意志思考为"自然"和"自然法则",就是把力或意志的相互争斗、相互作用思考为"自然"和"自然法则"。在此,尼采接近了赫拉克利特的思想:争斗是自然的常态。

赫拉克利特认为,"万物因争斗而生",所有事物都处于"永恒的活火"之中,依据一定尺度,不停地燃烧、熄灭。④ 事物的燃烧、熄灭要依据一定尺度,即意味着事物的生成和流变是被提前安排好了的。因此,自然世界在赫拉克利特那里就是一个秩序化的、被完善安排好了的世界。

在《偶像的黄昏》中,尼采有意忽视了赫拉克利特思想里的秩序问题。

---

① ［法］吉尔·德勒兹:《尼采与哲学》,周颖、刘玉宇译,社会科学文献出版社 2001 年版,第 9 页。
② KSA5，S. 55.
③ "权力意志作为自然","权力意志作为自然法则",参见 KSA13，S. 254.
④ ［加］T. M. 罗宾森:《赫拉克利特著作残篇》,楚荷译,广西师范大学出版社 2007 年版,第 18、41 页。

他认为，赫拉克利特虽然肯定了世界的变化与生成，但是，他跟其他哲学家一样，都没有公正地对待感官经验，都认为感官经验在撒谎。只不过其他哲学家（如巴门尼德）相信，人所经验到的变化是假的，"存在者不变化，变化者不存在"；而赫拉克利特则相信，人所经验到的确定性（或持存性）是假的，"存在者变化，不变化者不存在"。① 然而，在尼采看来，自然就是人所经验到的那个自然，在自然中，变化和确定性是并生共存的，自然没有真假之分。尼采用"权力意志"（力与力、意志与意志的争斗）来表述自然的变化；用"永恒轮回"来表述自然的确定性（必然性）。权力意志是"一切变化的最终根据和特征"，②而"永恒轮回"则是"宿命论"的"最极端形式"。③

需要注意到的是，在尼采的"永恒轮回"（宿命论）理论与"动物—超动物（人）—超人"的物种进化理论之间存在着一种紧张关系。既然"永恒轮回"作为命运是必然的，那么，把"动物"提升为"人"，再把"人"提升为"超人"又有何意义呢？

"永恒轮回"对于生命的提升来说是一种考验。"我们伴随着一切事物永恒轮回，而一切事物也曾经伴随着我们无数次地在此存在过。"④面对"轮回"的必然性和永恒性，生命应该做何选择呢？是自甘渺小，意志消沉，还是热血沸腾，拥抱命运？尼采的答案是后者。因为自然无非是力与力的相互关系。而在这一关系中，力要寻求胜利，就必须自我提升。自我提升是力的内在需要，同样也是生命的内在需要。自我提升在动物那里表现为"超动物"（Über-tier），而在人那里则表现为"超人"（Über-mensch）。

显然，尼采并不试图以一种科学（经验实证）的方式理解自然，而试图以一种哲学的方式理解自然。所以，不能说尼采的自然思想是科学的，而只能说尼采把现代科学囊括到他的自然思想里去理解和把握。

总而言之，"权力意志"和"永恒轮回"是尼采对自然的两个基本描述。

---

① KSA6，S. 74 - 76.
② KSA13，S. 303.
③ KSA11，S. 291.
④ KSA4，S. 276.

权力意志(力与力、意志与意志的相互关联和相互争斗)与自然的生成、流变有关,而永恒轮回则与自然的必然性、确定性有关。永恒轮回是自然对其自身(生成和流变)的最高肯定。以此为基础,尼采构建了他肯定生命之流变和命运之必然的自然主义哲学。

尼采与 19 世纪达尔文主义

尼采与达尔文的关系长期以来都是学界关心的话题。21 世纪以来,约翰·理查德森(John Richardson)重提这一议题,引起了学界争论:尼采是不是达尔文主义者?他在何种程度上受到进化论思潮的影响?以及,应当如何理解其晚期的"反达尔文"主张?虽然尼采受到进化论较大影响,但他却从未自认是达尔文信徒。尼采早期把进化论视作一种客观的自然主义,中期将之视为赫拉克利特与恩培多克勒思考方式的复活,晚期则将之视为一种传达生存之紧张的道德哲学。

关于"尼采与达尔文主义"的争论

在《瞧,这个人》一书中,尼采提到有人因为"超人"一词而怀疑他是达尔文主义者,他把这种人称为"学识渊博的蠢货"(gelehrtes Hornvieh)。① 尽管尼采明确地否认了自己与达尔文主义之间的关系,但这却并未磨灭学界将其与进化论关联起来的热情。

1895 年,德国学者亚里山大·蒂勒(Alexander Tille)在《从达尔文到尼采》一书中指出,尼采的《查拉图斯特拉如是说》首次把达尔文的指导性思想

---

① KSA6, S. 300.

彻底地应用于当今人类以及未来人类的发展之上。① 1919 年，梁启超也指出，尼采思想是"借达尔文的生物学做基础"的。② 著名尼采专家、美籍德裔学者瓦尔特·考夫曼（Walter Kaufmann）认为，尼采虽然谈不上是一位达尔文主义者，但是他的确"被达尔文从教条主义的沉睡当中唤醒，就像康德在一个世纪之前被休谟唤醒一样"。③ 长期以来，考夫曼的这种观点在学界占据主流地位。当然，也有个别学者，如威尔·杜兰特（Will Durant）那样，坚信尼采是"达尔文之子"，尼采对达尔文的批判不过是为了"掩饰自己的思想来源"而玩弄的小把戏。④ 总体而言，多数学者还是倾向于认为，尼采虽然受到达尔文进化论很大影响，但是他的思想与达尔文主义有着本质性区别。

2004 年，约翰·理查德森出版了《尼采的新达尔文主义》一书。理查德森认为只有在达尔文主义的基础上理解尼采，才能够消除其思想当中的内在矛盾，让尼采变得更合理，更容易被现代社会所接受。⑤ 基于此，他把尼采定义为新达尔文主义者，或者说超越了达尔文的达尔文主义者，在英美学界引起了一场关于尼采与达尔文主义的争论。许多知名学者都参与其中，如劳伦斯·朗佩特（Laurence Lampert）、茅德玛丽·克拉克（Maudemarie Clark）、格雷戈里·摩尔（Gregory Moore）、罗宾·斯莫尔（Robin Small）等。随后，德克·罗伯特·约翰逊（Dirk Robert Johnson）还针锋相对地写了《尼采的反达尔文主义》一书。2010 年，这场争论波及德国，尼采协会年鉴（Jahrbuch der Nietzsche-Gesellschaft）第 17 卷专门开设了尼采与达尔文研究栏目，维尔纳·施泰格迈尔（Werner Stegmaier）、安德里亚斯·乌尔斯·佐默尔（Andreas Urs Sommer）等尼采研究专家撰文参与了讨论。

这场争论的焦点在于：尼采是不是一位达尔文主义者？他在何种程度

---

① Alexander tille, *Von Darwin bis Nietzsche: Ein Buch Entwicklungsethik*, Leipzig: Naumann, 1895, S. VII.

② 汤志钧、汤仁泽编：《梁启超全集》（第十集），中国人民大学出版社 2018 年版，第 61 页。

③ Walter Kaufmann, *Nietzsche: Philosopher*, *Psychologist*, *Antichrist*, Fourth Edition, Princeition, New Jersey: Princeton Universtity Press, 1974, p. Xiii.

④ Will Durant, *the Story of Philosophy: The Lives and Opinions of the Greater Philosophers*. Garden City Publishing Co., Garden City, NY. 1926, p. 373.

⑤ John Richardson, *Nietzsche's New Darwinism*, Oxford University Press, 2008, p. 3.

上受到 19 世纪进化论思潮的影响？或者说,达尔文进化论对于尼采的影响是否足够大,以至于我们可以忽略古希腊哲学、基督教神学以及德国古典哲学对尼采的影响？如果把尼采定义为达尔文主义者,那么,应该如何理解其晚期的"反达尔文"和"反达尔文主义"主张？

一些学者(例如茅德玛丽·克拉克)认为,承认尼采是达尔文主义者的前提是承认他是一位自然主义者。但问题是,尼采虽然说过自己是"纯粹的自然主义者",[①]但却从未承认自己的自然主义是一种达尔文主义。尼采的确讲过从动物到人再到超人的进化,但是他的自然进化思想与达尔文的进化生物学有着明显差别。那么究竟应该如何来理解这种差别呢？

理查德森认为,尼采与达尔文之间的差别建立在他对达尔文核心观念的接受和赞同之上。[②] 他把尼采的"新达尔文主义"分为"自然选择""社会选择""自我选择"三个层次。自然选择是尼采思想的基础,在这一方面尼采基本上接受了达尔文的理论,只不过他把达尔文的"为生存而斗争"(被动的适应环境)替换成了"追求权力的意志"(主动的内在超越)。生命的自然价值不只在于繁殖与生存,还在于权力的提升与增长。如果说"自然选择"更多通过基因进行,以物种保全和提升为目的,那么"社会选择"则更多通过记忆、意识和语言进行,以服务群体(如赋予群体以凝聚力)为目的。尼采通过对人类文明进行谱系学分析,发现人类史与自然史遵循着不同的演化逻辑,进化论在人类社会中并不必然有效,生命的社会价值与自然价值之间可能存在矛盾,例如人的"畜群道德"就是反自然的。最后,基于对自然史和社会史的充分理解,尼采试图对传统道德进行价值重估,"自我选择"就是要为生命寻找新的价值,以消除社会与自然之间的矛盾。由此可见,无论是对于历史的解释,还是对于未来的畅想,尼采都超越了达尔文和达尔文主义。

理查德森虽然成功地把尼采塑造成一位达尔文主义者,但他却忽视了,尼采并不是在生物学的意义上接受达尔文的,他更多是把达尔文主义当作19 世纪下半叶席卷欧洲的一种文化现象。也就是说,尼采不是站在达尔文

---

① KSA7, S. 741.

② John Richardson, *Nietzsche's New Darwinism*, Oxford University Press, 2008, p. 4.

主义内部来批判达尔文,而是试图把达尔文主义这一划时代现象纳入他对西方文明的整体性反思和批判当中来。此外,尼采的思想能不能被科学化、条理化,也是一个值得商榷的问题。朗佩特批评认为,理查德森为了把尼采科学化和条理化,脱离具体语境肆意地摘引尼采,破坏了其思想的整体性,使尼采丧失了应有的趣味和张力。①

德克·罗伯特·约翰逊则认为,理查德森对于进化论的科学标准过于忠诚,无法真正理解尼采批判达尔文的"激进内核"。② 晚期尼采并非在生物学层面批判达尔文,而是在哲学层面审视进化论的根基。③ 因此,只有站在反达尔文主义的立场才能够理解尼采。此外,约翰逊还认为,理查德森把尼采简单地定义为达尔文主义者,在一定程度上忽视了其思想从前期到后期的动态发展过程。基于此,约翰逊试图把尼采与达尔文的关系归结为早、中、晚三个时期:早期尼采在思想上追随达尔文,是一位合格的达尔文主义者;中期尼采思想较为成熟,逐渐对进化论有了自己独到的见解与反思;晚期尼采通过价值重估明确了自己的哲学任务和哲学目的,成为达尔文与达尔文主义的坚定反对者。也就是说,尼采在思想上经历了一场从达尔文主义向反达尔文主义的显著转变。

约翰逊的批评无疑是有道理的。但是,把早期尼采定义为达尔文主义者会面临一个难题:早期尼采并没有明确地依靠进化论来建构自己的思想。众所周知,1866 年,尚在莱比锡大学读书的尼采通过阅读朗格(Friedrich Albert Lange)的《唯物论史》(*Geschichte des Materialismus*)首次接触到了达尔文,自此以后,达尔文主义就成了尼采持续关注的重要议题。朗格在书中描述说,"现在每一种杂志都会讨论达尔文主义,或加以赞成,或加以反对。几乎每一天都有一本或大或小的著作出版,来讨论遗传论、自然淘汰论,尤其是人种由来说"。④ 由此可见达尔文进化论当时在德

---

① Laurence Lampert, "Review: Nietzsche's New Darwinism", *The Review of Metaphysics*, Vol. 60, No. 1 (Sep., 2006), p. 174.
② Dirk R. Johnson, *Nietzsche's Anti-Darwinism*, Cambridge University Press, 2010, p. 11.
③ Dirk R. Johnson, *Nietzsche's Anti-Darwinism*, Cambridge University Press, 2010, p. 4.
④ [德] 朗格:《唯物论史》(下),李石岑、郭大力译,河南人民出版社 2016 年版,第 253 页。

国的流行程度。但可以肯定的是尼采并未直接阅读过达尔文的著作,他更多是通过二手文献来了解达尔文的。如果因为他阅读过一些与进化论有关的二手文献,并且在文章中做了一点并不专业的发挥,就把他定义为达尔文主义者,那么马克思、恩格斯、瓦格纳,甚至尼采早期批判的神学家大卫·施特劳斯,都可以算得上是达尔文主义者了。如果我们把达尔文主义的内涵无节制地加以扩大,使得人人都是达尔文主义者,那么这个头衔也就失去了其应有的意义。

安德里亚斯·乌尔斯·佐默尔认为,尼采与达尔文之间的关系不是信仰关系,而是对话关系,尼采的兴趣并不在于探究达尔文进化论究竟说了些什么,而在于借此"勾画自己的思想"。① 也就是说尼采更多把达尔文视作自己的理论对手,而不是领路人。当然,尼采的理论对手有很多,譬如苏格拉底、耶稣基督、康德、孔德等,达尔文只不过是其中之一。虽然我们不能忽视达尔文主义对于尼采的影响,但是像理查德森、罗宾·斯莫尔那样把尼采定义为"新达尔文主义者"或"极端的达尔文主义者"(ultra-darwinist),②却大为不必。

与其费尽心机地给尼采颁一个名实难副的头衔,不如细致地梳理他与19 世纪达尔文主义思潮之间的关系,把研究目光聚焦于以下问题:尼采是如何从整体上接受和理解达尔文进化论的? 他晚期批判达尔文以及达尔文主义的理由何在?

尼采对达尔文的接受与理解

尼采早期对达尔文进化论的认识,除了受益于朗格的《唯物论史》以外,还受到德国生物学家海克尔(Ernst Heinrich Häckel)、瑞士古生物学家吕

---

① Andreas Urs Sommer, "Nietzsche mit und gegen Darwin in den Schriften von 1888", in: *Nietzsche*, *Darwin und die Kritik der Politischen Theologie*, Herausgegeben von Volker Gerhardt und Renate Reschke, Akademie Verlag, 2010, S. 31.

② Robin Small, "What Nietzsche Did During the Science Wars", in: *Nietzsche and Science*, Edited by Gregory Moore and Thomas H. Brobjer, Ashgate Publishing, 2004, p. 167.

蒂梅耶(Ludwig Rütimeyer)等人的影响。此二人是达尔文的信徒,他们在向德语区引介进化论方面扮演着重要的角色。如果回顾 19 世纪下半叶达尔文主义在德国的流行,那么海克尔和吕蒂梅耶的大名必定会出现在功劳簿上。尼采在手稿里曾经多次提到此二人。而吕蒂梅耶当时又是尼采巴塞尔大学的同事,他们在巴塞尔时期曾经有过直接的交往。除此以外,古希腊哲学家赫拉克利特、恩培多克勒的自然进化思想,黑格尔、叔本华、爱默生(Ralph Waldo Emerson)等人的进化理论,也都为尼采早期接受达尔文主义奠定了基础。①

　　尼采最早公开地提及达尔文,是在《不合时宜的沉思》第一篇《自白者与作家：大卫·施特劳斯》(1873 年)中。他批评认为,施特劳斯虽然"称赞达尔文是人类最伟大的恩人之一",②并试图为自己的作品披上物种进化的外衣,但实际上他却违背了进化论的基本精神。施特劳斯把人与自然生物割裂开来,用道德的立场来考量人;而达尔文的进化论则是要把人完全当作自然生物来看待,用自然的立场来考量人。因此,"人们"应当以"一种真正的,认真贯彻的达尔文主义"③来反对施特劳斯这样的学术庸人。也就是说,尼采在这里指责的是,施特劳斯背离了达尔文的自然主义立场,把进化论道德化。

　　许多学者,例如德克·罗伯特·约翰逊,正是基于此,认为尼采早期坚持的是一种达尔文主义立场。但他们却忽视了,《不合时宜的沉思》共有四篇,而尼采仅在这一篇里提到了达尔文。用达尔文主义这个概念很难把尼采早期思想的丰富性总结出来。况且,尼采也并没有说"我"或"我们"要秉持"一种真正的,认真贯彻的达尔文主义"立场。而是说,当"人们"遇到像大卫·施特劳斯这样的学术庸人假扮达尔文主义者,把进化论道德化时,应该

---

　　① Werner Stegmaier, "'ohne Hegel kein Darwin': Kontextuelle Interpretation des Aphorismus 357 aus dem V. Buch der Fröhlichen Wissenschaft", in: *Nietzsche, Darwin und die Kritik der Politischen Theologie*, Herausgegeben von Volker Gerhardt und Renate Reschke, Akademie Verlag, 2010, S. 75 – 77.

　　② KSA1, S. 194.

　　③ KSA1, S. 195.

以一种真正的达尔文主义来反对他。因此，与其说早期尼采是一位达尔文主义者，不如说他是一位拿来主义者。他早期广泛地吸取了各种思想资源为己所用，其中当然也包括了达尔文的进化论。

如果说早期尼采试图借助达尔文的自然主义立场来批判大卫·施特劳斯的道德立场的话，那么中期尼采则试图把达尔文以及达尔文主义纳入他对德国思想史乃至欧洲思想史的理解当中来。

在1885年的手稿中，尼采指出，"我们与康德、柏拉图和莱布尼茨的不同之处在于：即使在思想领域内我们也相信生成，我们是完完全全历史性的。这是巨大的根本性变革。拉马克与黑格尔—达尔文仅仅是（这场变革滋生出来的）一种结果（Nachwirkung）。赫拉克利特与恩培多克勒的思考方式再次得以复活"。①

在此，尼采把拉马克、黑格尔和达尔文的进化理论视作18—19世纪一场巨大的思想变革的结果。这场思想变革的特征在于，人们试图重新回到赫拉克利特与恩培多克勒，以一种生成性的、历史性的眼光来解释世界。尼采认为，这一点是欧洲近代的进化论思潮与柏拉图以来的传统形而上学（包括莱布尼茨的单子论和康德以严格现象论为基础的科学形而上学）的根本性区别。

在《快乐的科学》第五卷（1887）里，尼采虽然舍弃了拉马克，但却依旧保留了黑格尔和达尔文。他在第357节中讲过这么一句话："没有黑格尔就没有达尔文。"②这可能是尼采著述中对达尔文最为肯定和正面的一次表述。③尼采认为，进化论的功劳应该归于黑格尔。"黑格尔首先把'发展'（Entwicklung）这一决定性概念引入科学"，由此"促使欧洲才俊掀起一场伟大的科学运动，并最终导致了达尔文主义"。④ 进化论之所以能够在德国乃

---

① KSA11，S. 442.

② KSA3，S. 598.

③ Werner Stegmaier, "'ohne Hegel kein Darwin': Kontextuelle Interpretation des Aphorismus 357 aus dem V. Buch der Fröhlichen Wissenschaft", in: *Nietzsche*, *Darwin und die Kritik der Politischen Theologie*, Herausgegeben von Volker Gerhardt und Renate Reschke, Akademie Verlag, 2010, S. 61.

④ KSA3，S. 598.

至欧洲流行开来,完全是因为黑格尔为之打好了基础。尼采在此的目的并不是想通过贬低达尔文来抬高黑格尔。恰恰相反,把达尔文与黑格尔相提并论,将达尔文主义视作黑格尔哲学或德国观念论的结果,表明尼采在这一时期试图从思想史的角度审视进化论的哲学含义。需要注意的是,尼采在谈论黑格尔和达尔文之前,谈论的是莱布尼茨和康德的认识论问题(或者说认识论贡献),之后谈论的则是叔本华的悲观主义和无神论问题。那么,尼采为什么要把进化论与这些问题放置在一起进行讨论呢? 或者说,进化论与这些问题之间是否存在着某种内在关联呢?

众所周知,笛卡尔是近代认识论的奠基者,他把"我思故我在"视作认识的第一原则。"我思"的本质即"我怀疑",通过肯定"怀疑"来确定"思"的不可怀疑。也就是说,"我"可以怀疑一切,但却不能够怀疑思想本身,因为当"我"怀疑思想本身的时候,"我"依旧在思想着。"思"作为心灵的本质属性,在笛卡尔那里是某种"特殊的、唯一确实的'存在'"或某种"持存的意识"(bleibendes Bewusstsein)。[1] 尼采认为,莱布尼茨的认识论贡献在于,他通过批判笛卡尔和笛卡尔主义,否定了意识或思维的本质属性,从而在意识研究领域引起了一场变革:意识只是"偶然属性"或心灵的"暂时状态","我们称之为意识的东西,不过是我们精神世界和灵魂世界的一种状态罢了(也许还是一种有病的状态)"。[2] 而康德的认识论贡献则在于,他通过小心翼翼地为理性划定界限,使自然因果律在某种限定条件下重新成为可能,并由此克服了休谟的怀疑主义。但是康德为理性划定界限的任务"迄今也没有完成",因此,人们在他那里发现的,无非是为"因果律"打上的"巨大的问号"。[3] 康德之后,"一切基于因果律而得以认识的事物"都值得怀疑。[4] 显然,在尼采看来,莱布尼茨和康德的认识论贡献并不在于他们所提供的成体系的解决方案,而在于他们通过批判性追问重新使"认识"或"知识"成为一

---

① Werner Stegmaier, "'ohne Hegel kein Darwin'", S. 71.
② KSA3, S. 598.
③ KSA3, S. 598.
④ KSA3, S. 599.

个问题。如果说莱布尼茨追问的重点是意识或思维能否作为认识的前提，那么康德追问的重点就是科学认识或基于因果律的认识是否还值得信任。

黑格尔通过批判笛卡尔以来"认识优先"的原则，绕开了莱布尼茨和康德的问题。他认为认识并不优先于存在，绝对精神的自我展开和自我实现过程与它的自我认识过程是同一的。基于此，黑格尔借助概念的辩证发展，把整个自然历史和精神世界描述为一个不断运动、变化和发展的过程。在黑格尔的历史哲学以及哲学历史中，概念的运动与发展是有时间属性的。因此，把它与18—19世纪的科学进展（例如进化论）关联起来，也并非什么不可能的事情。况且，在《逻辑学》"概念论"部分，黑格尔也的确讨论了"生命"概念以及"物种"概念的自我扬弃和交互发展。① 这无疑是支撑尼采论点"没有黑格尔就没有达尔文"的重要证据。尼采认为，黑格尔在这里把概念的辩证运动和辩证发展引入科学（尤其是生物学），为达尔文主义的出现做好了准备。黑格尔、达尔文之后，以"生成性""历史性"眼光来解释世界，就成了学界主流。

如果说以康德和黑格尔为代表的观念论展现的是一种德国"特有的思想范式"，②那么叔本华的悲观主义则不再是某种德国产物。悲观主义与达尔文主义、马克思主义一样，是19世纪整个欧洲共享的事件。这些事件均与"上帝信仰的式微和科学无神论的胜利"③有关。

尼采把进化论归功于黑格尔，又把进化论问题与认识论问题、无神论问题放置在一起进行讨论，这一方面说明了进化论与认识论之间的确存在着某种思想史关联，另一方面也暗示了无神论问题并非在19世纪随着叔本华、达尔文、马克思的登场才出现的，而是一早就在近代哲学的脉络中埋下了伏笔。尽管尼采经常批判莱布尼茨、康德和黑格尔，认为他们仍然试图从哲学角度为上帝存在的合理性进行辩护（例如，莱布尼茨把"自然"视作"上帝之良善的明证"，康德把上帝存在当作某种道德假设，黑格尔用他的思辨

① ［德］黑格尔：《逻辑学》（下卷），杨一之译，商务印书馆1982年版，第455—472页。
② KSA12, S. 60.
③ KSA3, S. 599.

哲学为基督教和上帝提供庇护，他"为了向某种神圣理性致敬"，把历史解释为"伦理的世界秩序"和"伦理的终极意图"的"持续见证"）。① 但是，尼采也在一种程度上肯定了这些"基督教辩护者"的思想史意义：因为没有莱布尼茨、康德和黑格尔，就没有叔本华和达尔文。

尼采对达尔文的反思与批判

众所周知，朗格在《唯物论史》一书中除了介绍达尔文进化论以外，还客观地梳理了当时的反达尔文主义思潮。因此，尼采早期在接触进化论的同时，就对反达尔文主义有所了解。后来，他又进一步吸收了细胞生物学家卡尔·冯·内格里（Carl von Nägeli）、威尔海姆·鲁克斯（Wilhelm Roux）以及威廉·拉尔夫（William H. Rolph）等人的反达尔文主义观点。这些人的观点"一方面迎合了尼采晚期的权力意志理论"，另一方面也促使尼采意识到，"生物进化原则"不能仅限定在"生存斗争""自我保全"和"环境适应"之上。②

在 1886 年底—1887 年春的手稿里，尼采针对早期进化论的"自我保全""环境适应"等原则提出了批评："对个体延续有益的，或许对其强大和壮美无益；使个体得以保全的，或许也会同时使其在发展当中固化停滞。"③也就是说，生命的"自我保全"和"自我提升"之间存在着矛盾。"自我保全"与"物种进化"并非正相关，它也可能会导致物种固步自封，甚至逐步退化。在此基础上，尼采进一步认为，"事关宏旨的不是物种"，而是"发挥着更强大作用的个体"，生命不是"内部条件对外部条件的适应，而是权力意志，权力意志从内部而来，逐渐地征服和同化'外部'"。④

可见，最晚至 1887 年，尼采就开始试图用权力意志理论来取代达尔文

---

① 　KSA3，S. 600.
② 　Werner Stegmaier，"'ohne Hegel kein Darwin'"，S. 72.
③ 　KSA12，S. 304.
④ 　KSA12，S. 295.

的自然选择理论(生物通过遗传和变异来适应环境)。尼采认为,权力意志是"自然的法则",[①]生命自我超越和自我提升是权力意志的内在要求。所谓"权力意志""逐渐征服和同化'外部'",并不是说生命要不断地掠夺和占有外部资源,而是说,生命要通过自我提升,逐渐使自身的内部条件与外部条件相一致。尼采晚期把这种内部条件与外部条件的一致称作"回归自然"。[②]

　　生命唯有自我提升方能"回归自然"。为什么这么说呢?其实,这里透露出了尼采与达尔文对于"自然"理解的不同。达尔文认为,自然状态下,资源是紧缺的,生命为了生存会围绕着紧缺的资源而展开斗争。后来,斯宾塞(Herbert Spencer)、赫胥黎(Thomas Henry Huxley)等人将这种思想总结为:物竞天择,适者生存。[③] 然而,尼采却倾向于认为,达尔文的进化思想体现出了一种生命中心主义。自然并不匮乏,只有人才会匮乏。达尔文是从人或生命的角度来看待自然,而不是从自然的角度来看待自然。因此,进化论并不像其所宣扬的那样客观。如果从自然的角度来看待自然,那么匮乏或贫困就只是一种基于生命视角的"例外"(Ausnahme),而"极度的丰裕与豪奢"[④]才是自然界的常态。有生之物的消亡无非是自然过度丰裕的一种特殊表现形式而已。[⑤] 也就是说,尼采晚期意识到,生命与自然之间存在着矛盾,这种矛盾仅靠被动的"环境适应"是无法解决的。唯有克服生命自身的个体性与有限性,把以"匮乏"为导向的人之视角提升为以"丰裕、豪奢"为导向的自然视角,才能够使得内部条件(意志)与外部条件(自然)相匹配。

　　1888年春,尼采又写了两则以"反达尔文"为标题的手稿。[⑥] 同年,在《偶像的黄昏》一书里,他还正式公布了自己的"反达尔文"主张。[⑦] 其"反达尔文"的理由主要体现于以下两点:第一,"为生存而斗争"所依据的是"个

① 　KSA13, S. 254.
② 　KSA6, S. 150.
③ 　[英]赫胥黎:《天演论》,严复译,商务印书馆1981年版,第3页。
④ 　KSA3, S. 585.
⑤ 　韩王韦:《"回归自然"——论尼采的道德自然主义》,《江苏社会科学》2016年第6期。
⑥ 　KSA13, S. 303, S. 315.
⑦ 　KSA6, S. 120 - 121.

别物种"(人)的特殊视角,而不是"生命整体"的自然视角。生命就其整体而言,不是"匮乏和贫困",而是"丰裕,豪奢,乃至于荒唐的挥霍。"①第二,适应环境得生存者,并非最优者。因此,进化论两大论点"适者生存"与"优胜劣汰"之间相互抵触。

　　从"人"这一特殊物种出发,尼采认为,进化论之于人类社会是失效的。纵观历史,无数事实表明,不是"优胜劣汰",而是平庸者胜,卓越者汰。平庸者工于心计,又善于抱团。高尚者面对联合起来的庸众时,往往会"脆弱不堪"。② 平庸者、低劣者似乎比高尚者、卓越者更有价值。基于这一发现,尼采总结道:就以"匮乏"为导向的物种而言,其"权力之增长",或者说其延续与发展,更多不是由"强者"来保障的,而是由"平庸者和低劣者"(即"弱者")来保障的,后者"数量繁多,延绵不绝",而前者却危险重重,容易毁灭。③ 也就是说,进化论的"资源匮乏"假设与其"优胜劣汰"观点之间相互矛盾。如果人们从"资源匮乏"这一前提出发,那么他们所要肯定的就绝不应该是"优",而应该是"劣"。因为在资源争夺的过程中,弱者更善于联合,强者与之相比并不占据优势。

　　通过反思和批判进化论,尼采认为,生命之优劣与资源争夺过程中是否获胜无关。资源占有越多,说明生命的匮乏感越严重,其与自然也越相违背。既然自然是丰裕的、豪奢的,那么向外给予的越多,挥霍耗散的越多,才越合乎自然。越合乎自然者越优秀。就此而言,追求"自我保全"的生物(譬如"人")绝非最"优"者。

　　基于如上分析,尼采在 1888 年的手稿里提出了自己关于进化论的三个"总体性看法"(Gesamtansicht)④:

　　(1)"人作为物种并不处于进步当中。"⑤人类历史上或许偶然会出现一些较高等、较完美的人物,但是,其优势却无法通过遗传被后代所继承。因

---

① KSA6, S. 120.
② KSA13, S. 303.
③ KSA13, S. 305.
④ KSA13, S. 316 – 317.
⑤ KSA13, S. 316.

此这些人物的出现不能够促使人类得到实质的提升。

（2）"与其他任何一种动物相比，人作为物种并没有体现出什么进步。"①也就是说，人不比动物更高级。达尔文进化论虚构了生物从低等到高等"完美性的持续增长"。② 然而，这种持续性进化是不存在的。一切生物层面上的变化都是"同时发生的，彼此重叠、混杂、对立"。③

（3）人类所谓的"文明"和"驯化"，不过是物种上的退化。因此，"文明不可深入"，否则，人与自然的背离就会加深，物种上的退化就会加剧。基督教正是人类退化到极致的产物。唯有通过"回归自然"（"自我提升"）和"去文明化"，人才有机会获得康复。④

显然，尼采晚期不再把进化论视作"赫拉克利特与恩培多克勒思考方式"的"复活"。⑤ 相反，他发现，达尔文在自然观上与赫拉克利特、恩培多克勒有着本质性区别。前者是以生命的视角理解自然，而后者却是以自然的视角理解生命。

众所周知，近代以来，随着人主体地位的确立，自然逐渐成为一种客观的、与人类文明相对的概念。许多哲学家（例如霍布斯、洛克、卢梭等）都认为生命与自然之间存在着一种紧张的对立关系。虽然达尔文把人还原到物种层面去认知，在某种程度上否定了人的特殊地位，但是他依然通过"为生存而斗争""优胜劣汰"等观点，重新表述了生命与自然之间的紧张关系。而这种紧张关系在古希腊哲人赫拉克利特、恩培多克勒那里是没有的。就此而言，尼采在思想上更接近于赫拉克利特与恩培多克勒，而不是达尔文。

尼采的确受到 19 世纪进化论思潮的较大影响。但是，由此就把他定义为达尔文主义者，不仅违背其意愿，而且对于理解尼采和理解达尔文而言皆无所助益。与其关注他是不是一位合格的达尔文主义者，不如细致地梳理

---

① KSA13, S. 316.
② KSA13, S. 315.
③ KSA13, S. 317.
④ KSA13, S. 317.
⑤ KSA11, S. 442.

其思想与达尔文、达尔文主义之间的关系。一方面,可以通过尼采来了解进化论在 19 世纪欧洲的影响力;另一方面,也可以通过其批判性视角来反思进化论的科学性与合理性。

正如德克·罗伯特·约翰逊所言,尼采对于达尔文进化论的认知是动态发展的。但是,如果说其思想经历了一场从"达尔文主义"向"反达尔文主义"的转变,却值得商榷。因为尼采自始至终都未将自己视作达尔文的追随者。相反,无论是早期还是晚期,他都只是想借助达尔文来表达自己的思想。

尼采早期把进化论视作一种客观的自然主义,并试图借助达尔文的自然立场来批判大卫·施特劳斯的道德立场。中期尼采则把进化论视作赫拉克利特、恩培多克勒思考方式的复活。到了晚期,尼采则认为,进化论的本质是一种道德哲学:其"为生存而斗争"的口号,体现了英国人口过剩所带来的社会紧张感以及小市民处世维艰的生存状态。[①] 众所周知,尼采晚期的主要任务是"价值重估"。他对达尔文和达尔文主义的批判只是"价值重估"里的一部分。因而,唯有在"价值重估"的哲学框架中梳理尼采与达尔文的关系,才能够真正理解进化论之于尼采的意义。

---

①　KSA3,S. 585.

尼采与超人类主义的合流及分野

超人类主义(transhumanism)是一场关注人类增强的思想运动。近年来,随着相关技术的高速发展,其影响力与日俱增。同时,尼采与这一运动的关系也备受关注。尼采是不是超人类主义先驱,他与超人类主义能否相互兼容,成为学界热议的话题。尽管尼采在反思人文主义方面给超人类主义提供了一定的启发,但两者之间却有着本质的不同。超人类主义的进化观是一种由理性主导的定向进化,而尼采的进化观则是一种由权力意志主导的随机性演变。超人类主义运动并未真正继承尼采的遗产。

超人类主义是 20 世纪下半叶爆发于欧美的一场思想运动。它主张利用技术全面增强人的身体状况、智力水平,乃至道德素质。长期以来,其影响主要局限于科技主义亚文化群体。但近些年,随着 NBIC 技术(即纳米技术、生物技术、信息技术和认知科学)的高速发展,超人类主义逐渐进入主流视野。它不仅在知识界收获了不少拥趸,还在技术和资金上得到了谷歌等互联网公司的支持。随着超人类主义的升温,其主要论点,如"用理性来控制进化""变运气为选择""生命具有无限完善性""从治疗转变为增强"等,在学界引发了热烈的讨论,范围涉及生命医学、人工智能、技术伦理、政治经济等诸多领域。

目前,国内对"超人类主义与生物保守主义"的争论较为熟知,①而对另外一场围绕着"尼采和超人类主义"的争论却了解甚少。这场争论主要发生在超人类主义者和尼采研究者中间。其意义不仅在于重构超人类主义的思想史脉络,重估尼采在技术时代的现实影响,还在于借此重新思考技术的边界,以及哲学与科学之间的关系。

争论回顾:尼采与超人类主义能否兼容?

学界较早把尼采和超人类主义关联起来的是德国哲学家彼得·斯洛特戴克(Peter Sloterdijk)。1999 年 7 月,斯洛特戴克在"海德格尔之后的哲学"国际研讨会上做了题为《人类园诸规则》(Regeln für den Menschenpark)的发言,引发了一场关于"人文主义"和"基因技术"的大讨论。斯洛特戴克暗示,在技术高速发展的时代,以人文主义的方式培育人已经过时了,因此要超越人文主义,以超人文主义的方式培育人。未来的根本性冲突在于"人类渺小化饲养者与人类伟大化饲养者之间的争斗",即"人文主义者与超人文主义者(Superhumanisten)、人类之友与超人之友之间的争斗"。②

斯洛特戴克的言论在欧洲迅速引起争论。一些学者指责他试图培养尼采式超人,为法西斯理念招魂。③ 2001 年,哈贝马斯出版了《人类本质之未来:走向自由优生学?》一书,对这场争论进行了回应。他一方面捍卫人文主义的传统价值,另一方面把超人类主义者和尼采主义者(如斯洛特戴克)联系起来进行批判。他认为两者思想相似,都对人文主义有荒唐的攻击,幸运的是,他们的疯狂主张并不具备大范围影响力。④

---

① 相关研究可参见:计海庆:《人类增强伦理中的伦理自然主义批判》,《学术月刊》2020 年第 9 期;张灿:《超人类主义与生物保守主义之争——生物医学增强技术的生命政治哲学反思》,《自然辩证法通讯》2019 年第 6 期。

② [德] 彼得·斯洛特戴克:《人类园诸规则——答复海德格尔之〈关于人道主义的书信〉》,叶瑶译,《上海文化》2020 年第 5 期。

③ 黄凤祝:《查拉图斯特拉工程与道德的本质——论欧洲基因工程与克隆道德》,《同济大学学报(社会科学版)》2009 年第 2 期。

④ Jürgen Habermas, *The future of Human Nature*, Cambridge: Blackwell, 2003, p. 22.

随后,牛津大学教授尼克·博斯特罗姆(Nick Bostrom)在《超人类主义思想史》一文中指出,把尼采与超人类主义运动关联起来是不妥当的。超人类主义扎根于"理性人文主义传统",与尼采之间仅有一些"表面性相似"。① 超人类主义的"启蒙根基",以及它对"个体自由"的强调和对"所有人类(以及其他有知生物)福祉"的关心,都使得其更接近于英国功利主义者约翰·斯图亚特·密尔(John Stuart Mill),而非尼采。② 把超人类主义与密尔联系起来,其实就是把超人类主义放到尼采的对立面。因为,尼采不仅刻薄地攻击过密尔,还对英国功利主义抱有明显的敌意。

2009 年,斯蒂凡·劳伦兹·索格纳(Stefan Lorenz Sorgner)对博斯特罗姆的观点进行了回应。他批评认为,尼采与超人类主义之间存在着"许多根本性相似"。③ 超人类主义不仅继承了人文主义的遗产(像博斯特罗姆所说的那样),同时也继承了尼采的遗产(对人文主义的反思、批判和超越)。超人类主义虽然许诺了不少增强技术的功利主义收益,但却没有解释人为什么要放弃人性,寻求"超人类"(transhuman)和"后人类"(posthuman)。从超人类主义的主张中看不出"超人类"和"后人类"的意义究竟何在。索格纳希望超人类主义能从尼采那里获得足够多的思想灵感。比如"后人类"这个概念,如果能像尼采的"超人"(overhuman)那样,为人的自我克服、自我提升赋予意义,那么它就会变得更加牢靠,更容易被人所接受。

索格纳的文章发表以后,引起了学界的关注和热议。2010 年 1 月,《进化与技术》杂志出版特刊《尼采与欧洲后人类主义》,超人类主义者马克斯·莫尔(Max More)、利物浦大学哲学系教授迈克尔·豪斯肯勒(Michael Hauskeller)、美国科学家比尔·希巴德(Bill Hibbard)等人撰文参与讨论。2011 年,尼采研究领域颇具影响力的刊物《竞争者》(*The Agonist*)也围绕着"尼采与超人类主义"发行特刊,并邀请美国尼采学会主席芭贝特·巴比奇

---

① Nick Bostrom, "A History of Transhumanist Thought", *Journal of Evolution and Technology*, Vol. 14 Issue 1 – April 2005, p. 2.

② Nick Bostrom, "A History of Transhumanist Thought", p. 4.

③ [德]斯蒂凡·劳伦兹·索格纳,《尼采,超人与超人类主义》,韩王韦译,《国外社会科学前沿》2019 年第 8 期。

(Babette Babich)、尼采研究专家保罗·洛布(Paul Loeb)等人与索格纳展开对话。此后,探讨"尼采与超人类主义"的文章络绎不绝。2017 年,尤努斯·通杰尔(Yunus Tuncel)把相关文章编辑成册,取名为《尼采与超人类主义:先驱还是对手?》,由剑桥学者出版社出版。2019 年,波兰学者里卡尔多·坎帕(Riccardo Campa)甚至依据这场争论把超人类主义分为准尼采(quasi-Nietzschean)、尼采(Nietzschean)、无关尼采(a-Nietzschean)和反尼采(anti-Nietzschean)四种类型。① 概言之,这场争论主要围绕着"尼采与超人类主义能否兼容"展开。参与者大体可分为赞同(索格纳、莫尔)和否定(博斯特罗姆、希巴德、巴比奇)两派。赞同者认为,超人类主义运动受到尼采很大影响,如果尼采生活在今日,定然会是一位超人类主义者;而否定者则认为尼采与超人类主义之间有着本质的不同,超人类主义的理性人文根基和功利主义诉求皆与尼采相矛盾。

莫尔在《超人类中的超人》一文中指出,尼采对超人类主义运动有着直接的影响。② 由于莫尔和博斯特罗姆是当前超人类主义运动的两大旗手,莫尔对索格纳的公开支持,即意味着超人类主义在理解自身思想史脉络上出现了分化。与博斯特罗姆的功利主义路线不同,莫尔秉持一种更加多元的立场。他认为,超人类主义不仅和功利主义之间没有矛盾,和尼采之间也没有矛盾。功利主义路线和尼采路线殊途同归,都会使"人类整体福祉"得以促进。无论是功利主义还是尼采,其哲学核心要素皆可与超人类主义世界观相兼容。③

索格纳、莫尔之后,越来越多的学者意识到,超人类主义的思想史脉络并非像博斯特罗姆所讲的那样单一。除了笛卡尔的唯理论,霍布斯、洛克、拉·美特利等人的机械唯物论,拉马克、达尔文的进化论,边沁、密尔的功利主义等理性人文主义思想资源以外,尼采的意志论(非理性主义思想资源),

---

① Riccardo Campa, "Nietzsche and Transhumanism: A Meta-Analytical Perspective", *Studia Humana* Vol. 8; 4 (2019), p. 10.

② Max More, "The Overhuman in the Transhuman", *Journal of Evolution and Technology*, Vol. 21 Issue 1 – January 2010, pp. 1 – 2.

③ Max More, "The Overhuman in the Transhuman", p. 3.

以及 20 世纪以来的科技乐观主义、未来主义和后现代主义思潮,都对其有所影响。庞杂的思想来源导致这场运动涌现出了许多不同的路线和立场,具备"光谱般的发散特征"。① 吕克·费希(Luc Ferry)在《超人类革命》一书中把超人类主义分为两类:一类继承了人文主义传统,坚信人具有"无限完善性",增强技术的目的不在于"从本质上超越"人,而在于使人"更加人性化";另一类则与人文主义传统相决裂,它以一种唯物主义的眼光来看待生命,不满足于"简单地改善当前人类",而是试图制造出一种不同于人且超越于人的物种(高级人工智能)。② 需要注意的是,这两类立场与尼采思想皆不兼容。尼采虽然批判、反思了人文主义传统,但是他并不赞同从唯物的角度理解生命,更不会简单地把"超人"视作一种高于人且异于人的物种类型。

否定派认为,莫尔和索格纳过于强调尼采与超人类主义兼容的一面,而忽视了两者不兼容的一面。譬如,芭贝特·巴比奇指出,超人类主义的"全体增强"(enhancement for all)不会导致"某个社群的'增强'",而会导致"人的均质化或扁平化",③最终促使"末人"产生,这显然与尼采思想相悖。比尔·希巴德则指出,尼采的超人不以消除痛苦为目的,更不以长生不朽为目的,他无限肯定生命,会接受"每一个细节和痛苦的精确复现"(即"相同者永恒轮回")。因此,超人和后人类之间差异巨大,超人是一种无法企及的理想,而后人类则是一种可以企及的现实。④

尽管目前这场争论尚未结束,学界也尚未就"尼采与超人类主义的关系"达成共识。但越来越多的学者还是意识到了,通过尼采重新理解超人类主义运动,或通过超人类主义运动重新理解尼采的重要性。

---

① 王志伟:《后人类主义技术观及其形而上学基础》,《自然辩证法研究》2019 年第 8 期。

② [法]吕克·费希:《超人类革命:生物科技将如何改变我们的未来?》,周行译,湖南科学技术出版社 2017 年版,第 38—43 页。

③ Babette Babich, "Nietzsche's Post-human Imperative: on the 'All-Too-Human' Dream of Transhumanism", in: *Nietzsche and Transhumanism: Precursor or Enemy?* Edited by Yunus Tuncel, Cambridge Scholars Publishing, 2017, p. 114.

④ Bill Hibbard, "Nietzsche's Overhuman is an Ideal Whereas Posthumans Will be Real", *Journal of Evolution and Technology*, Vol. 21 Issue 1 - February 2010, pp. 9 - 12.

那么,尼采究竟是不是一位超人类主义先驱? 如何理解他与超人类主义运动之间的关系? 要回答以上问题,就需要深入探究两者之间的思想承续和理路分歧。

思想承续:重新理解和定义"人"

尼采在《敌基督者》中指出,我们当前对于人的理解无外乎两点:一是把人理解为动物;二是把人理解为机器。"我们不再从'精神'、'神性'上探究人,而是把人放到动物里面去……人绝非造物的皇冠,他旁边的每种生物都具备同等级别的完满性",除此以外,"我们"还沿着笛卡尔"动物是机器"的观点,将人也"合乎逻辑"地"理解为机器"。① 把人理解为动物和机器,是尼采对其时代思想的诊断。这一诊断不仅跟当时的自然科学进展(尤其是生物学进展)有关,还跟当时随着自然科学进展而复兴的唯物主义思潮有关。

众所周知,19 世纪以来人的地位遭遇到了巨大挑战。1838—1839 年"细胞学说"的提出,一方面意味着整个生物界(从单细胞生物到直立行走的人)在微观层面有了统一的可能;另一方面也意味着人生理上与动物、植物没有什么本质性区别,人也是由细胞构成的。1859 年达尔文的《物种起源》出版,意味着文艺复兴以来所赋予人的特殊性地位被取消掉了,人成为一个需要被重新认识和重新定义的物种。到了 19 世纪 60—70 年代,随着生物进化理论影响力的进一步扩大,人类的起源问题以及人类在自然界中的位置问题(即人与其他物种之间的关系问题),成为欧洲学界最受瞩目和最富争议的话题。艾弗雷德·罗斯·华莱士(Alfred Russel Wallace)、托马斯·亨利·赫胥黎(Thomas Henry Huxley)、查尔斯·莱伊尔(Sir Charles Lyell)、路德维希·毕希纳(Ludwig Büchner)、恩斯特·海因里希·海克尔(Ernst Heinrich Häckel)等人都曾对此有过论述。尽管这些进化论者的观

---

① KSA6, S. 180.

点各不相同,但他们却在一定程度上取得了如下共识:人和其他物种之间存在着亲缘关系,他们皆是某种"古老、低级"且"早已灭绝的生物类型的同时并存的子孙"。① 在《人类在自然界的位置》(1863)一书中,赫胥黎强调,"人类和动物之间,其分界线绝不比动物本身之间的分界线更为显著","从心理上划分人类和兽类"是"徒劳的"。② 尽管赫胥黎的目的并不是想否定人的高贵性,但是,人与动物之间的差异也的确在一定程度上被他抹平了。

　　弗莱堡大学教授安德里亚斯·乌尔斯·索梅尔(Andreas Urs Sommer)认为,把人重新思考为动物是 19 世纪人类学的一个显著特征,在进化论的影响下,对于"人是什么"的追问,呈现出了一种历史化和自然化相结合的面相。③ 尼采对于人的理解亦是如此。他也试图寻求一种历史化和自然化的结合。劳伦斯·朗佩特(Laurence Lampert)指出,尼采一方面以谱系学的方式批判了"各种自然的人化"(譬如柏拉图主义、犹太—基督教传统等),另一方面又以一种彻底自然主义(或"内在主义")的方式建构了"人的自然化"。④人的自然化的首要表现就是动物化。动物化并不意味着人要退回到动物状态,而是意味着人获得了一个重新思考自身的机会。通过动物化,人可以重新发现生命的超越本能。正是这种本能促使动物进化成为人。而人并非进化的终点和目的。人只是过渡性的"绳索"和"桥梁",⑤人最终是要超越人的。

　　如果说尼采对于"人是动物"的理解,更多受到了达尔文进化论和由此引发的人种由来说之争的影响,那么他对于"人是机器"的理解,则更多受到了 19 世纪中叶德国唯物主义之争的影响。

　　1866 年,尼采通过阅读朗格的《唯物论史》不仅接触到了达尔文和达尔文

---

　　①　[英]查尔斯·达尔文:《人类的由来及性选择》,潘光旦、胡寿文译,李绍明校订,湖南科学技术出版社 2015 年版,第 3 页。
　　②　[英]赫胥黎:《人类在自然界的位置》,蔡重阳等译,北京大学出版社 2010 年版,第 61 页。
　　③　[德]安德里亚斯·乌尔斯·索梅尔:《人、动物、历史:19 世纪人类学的幻灭》,朱毅译,《哲学分析》2018 年第 3 期。
　　④　[美]劳伦斯·朗佩特:《尼采与现时代:解读培根、笛卡尔与尼采》,李致远、彭磊、李春长译,华夏出版社 2009 年版,第 297 页。
　　⑤　KSA4, S. 16 - 17.

主义,还系统了解了路德维格·毕希纳、卡尔·福格特(Karl Vogt)、雅各布·摩莱肖特(Jacob Moleschott)等人的思想。这些人大多是自然科学家。他们立足于最新的科学成果,积极宣扬唯物主义思想,在德国引发了巨大的争议。恩格斯曾经批评这些人"把唯物主义庸俗化"。① 受恩格斯的影响,国内学界习惯于将这些人的思想划入庸俗唯物主义范畴。但不可否认的是,在 19 世纪 50 年代的争论中,毕希纳等人是德国思想界耀眼的明星,他们为普及唯物主义做出了不可磨灭的贡献。福格特的名言,"思维之于大脑犹如胆汁之于肝脏和尿液之于肾脏",也随着这场争论广为人知。尽管毕希纳等人所掀起的唯物主义运动很快就被后来的达尔文主义运动所取代,②但达尔文主义之争在某种意义上讲仍然是唯物主义之争的延续。③

生物进化论与机械唯物论的合流导致"人是动物"和"人是机器"观念的流行。尼采将这种流行观念追溯至笛卡尔以来的理性人文主义传统。笛卡尔在《谈谈方法》一文中把身体看作是一台"神造的机器"。④ 动物与人的区别在于,人拥有理性,而动物则没有。因此,动物是"根本没有理性"的纯粹的机器。⑤ 1747 年,拉·美特利进一步阐述了"人是机器"的观点。他批判了笛卡尔的"心物二元论",并指出,物质是能够自行运动的,心灵并非身体运动的原因。人是"一架会自己发动自己的机器:一架永动机的活生生的模型"。⑥ 尽管 19 世纪的机械论确实能从笛卡尔那里寻找到思想根源,但是它并非笛卡尔、拉·美特利等人观点的简单翻版。在黑格尔历史哲学和达尔文进化论的影响下,19 世纪机械论也呈现出一种历史化和自然化相结合的特征。

---

① ［德］恩格斯:《路德维希·费尔巴哈和德国古典哲学的终结》,《马克思恩格斯文集》(第四卷),人民出版社 2009 年版,第 283 页。

② ［德］朗格:《唯物论史》(下卷),郭大力译,河南人民出版社 2016 版,第 253 页。

③ Kurt Bayertz, Myriam Gerhard und Walter Jaeschke (Hrsg.), *Der Darwinismus-Streit*, Hamburg: Felix Meiner Verlag, 2012, S. VI.

④ ［法］笛卡尔:《谈谈方法》,王太庆译,商务印书馆 2001 年版,第 44 页。

⑤ ［法］笛卡尔:《谈谈方法》,王太庆译,商务印书馆 2001 年版,第 45—46 页。

⑥ ［法］拉·美特利:《人是机器》,商务印书馆 1996 年版,第 20 页。

尼采认为,进化论和机械唯物论促使我们把"意志从人那里剥离",意志仅仅被理解为"一种合力(Resultante),一种个体反应的形式,这种个体反应必定会伴随着一定数量的相反相成的刺激而产生",意志"不再推动","不再起作用了"。① 它与精神脱离了关系,成为诸多身体运动当中的一种。

同时,传统的"生命完善论"也被颠覆了。以往哲学家,譬如柏拉图主义者,在思考"人的完善"时,更多强调的是精神上的完善。由于人的精神不够纯粹,总会有肉身上的牵挂,因此人的完善化就是精神的纯粹化。这种情况在 19 世纪的唯物论那里得到了翻转。人们不再试图通过意识和精神理解生命。"只要某物还拥有意识,我们就否认它能够被完善"。② 在唯物论者看来,意识和精神是生命得以完善的阻碍,人不可能脱离肉身而存在,"纯粹精神"无非是"一种纯粹愚蠢"。③ 尼采虽然不赞同以彻底唯物的方式理解生命,把意志从生命那里剥离,但是他依然高度肯定了近代唯物论的功绩:它是对柏拉图理念论传统和德国观念论传统的拨乱反正。可见,尼采虽不是唯物主义者,但他对唯物主义却怀有极大的同情。

进化论和机械唯物论是尼采哲学思考的前提,同样也是超人类主义运动得以开展的前提。如果说超人类主义在道德观上根植于功利主义的话,那么在历史观和自然观上则根植于进化论和机械唯物论。19 世纪末 20 世纪初,超人类主义先驱、俄国思想家 N. F. 费奥多罗夫(N. F. Fyodorov)就曾以"人是机器"为基础,设想了人类通过自我改造寻找新的人体,最终实现肉身不朽,以及通过收集人体的物质微粒来使死者复生。费奥多罗夫的哲学狂想后来被超人类主义运动所继承。

超人类主义提出了"一种未来主义人类观",即通过技术克服人的生物局限性,全方位拓展人的能力和素质,实现延长生命、消除痛苦、克服衰老和增进认知等目的。④ 超人类主义一方面延续了笛卡尔以来的机械论传统,

---

① KSA6, S. 180.
② KSA6, S. 181.
③ KSA6, S. 181.
④ 计海庆:《增强、人性与"后人类"未来:关于人类增强的哲学探索》,上海社会科学出版社 2021 年版,第 41—42 页。

另一方面又立足于现代遗传学、基因学和定向突变理论，把人看作是一种存在着设计缺陷，有待进一步完善的物种。如果说以往哲学家（柏拉图主义者）看重的是精神上的完善，那么超人类主义者看重的则是肉身上的完善。尽管超人类主义者也关注认知能力的提升，但是，这种提升却被寄托在基因技术或脑机接口技术之上。

近年来，随着科技乐观主义的持续高涨，超人类主义运动得到了蓬勃的发展。尽管尼采可能会跟这种乐观情绪保持距离，但是，他对 19 世纪思想状况的诊断，对于我们这个时代而言也是适用的。迄今为止，把人理解为动物和机器在科学界依然是主流。此外，尼采对"人"和"人文主义"的反思，也给超人类主义运动提供了一定的启发。他跟超人类主义一样，都试图用动态的眼光来审视人和以人为本的价值，认为没有什么东西能够永固不变，一切都处于变化之中。因此，把尼采与超人类主义运动关联起来进行思考是有意义的。

理路分歧：自然进化还是定向进化？

如上所述，尼采和超人类主义运动之间确实存在着一定的思想承续，但是，能否因此就认定他为超人类主义先驱还有待进一步的考察。

麦克斯韦·J. 梅尔曼（Maxwell J. Melhmanh）认为，"定向进化"（Directed Evolution）是超人类主义的"圣杯"。[①] "定向进化"或"实验性进化"（experimental evolution）是一项新兴的生物化学技术，即通过试管实验来模拟自然进化过程，借助随机突变、改组技术、半理性设计和理性设计等策略，实现改进蛋白质性能或创造全新蛋白质的目的。而超人类主义所讲的"定向进化"则有所不同，它指的更多是采用定向进化原理来控制人类进化。

"用理性控制进化"是超人类主义运动的核心思想。牛津大学伦理学教

---

① Maxwell J. Mehlman, *Will Directed Evolution Destroy Humanity, and If So, What Can We Do About It?* St. Louis U. J. Health L. & Pol'y 2009, 3: 96.

授朱利安·萨弗勒斯库(Julian Savulescu)指出,"我们正在步入人类进化的新阶段——用理性来控制进化——人成为其命运的主人。力量已经从自然转移到了科学"。① 萨弗勒斯库认为,理性对于人性来说至关重要,它至少在一定程度上定义了人性,因此"只要转基因和人兽嵌合体技术"能够"促进和表现我们的理性",那么它就是"我们人性的一种表达"。② 萨弗勒斯库与其同事博斯特罗姆一样,是超人类主义运动的支持者。他赞同在不违背人性的前提下,把定向进化技术应用到人类身上。

亚利桑那州立大学的安得烈·阿斯克兰(Andrew Askland)则认为,把超人类主义的进化观视作定向进化是不恰当的。尽管超人类主义受到进化论很大影响,但两者之间却存在着不可调和的矛盾。进化是非目的论的(a-teleological),而超人类主义却是一种彻头彻尾的目的论。超人类主义试图借"进化"一词来误导人们,使其相信,它所讲的一切改变都是不可避免的。超人类主义把我们从过去的演化进程中割裂出来,并畅想了一个基于"自我设计"(self-engineered)的"美好"未来。③ 阿斯克兰的观点虽不无道理,但他却忽视了,超人类主义运动只是一种受达尔文进化论影响的社会思潮,用现代生物学的科学标准对之进行要求过于严苛。除非我们拒绝将进化论应用于人类身上,否则,就不能够回避,人类在进化过程中具有明显的主动性和目的性。

超人类主义的"定向进化"是"参与式进化"(Participant evolution)思想的延续。"参与式进化"思想源自曼弗雷德·克莱因斯(Manfred Clynes)和南森·S. 克莱恩(Nathan S. Kline)1960 年在《宇航学》(*Astronautics*)上发表的文章《赛博格与空间》(Cyborgs and Space)。当时,美国与苏联太空竞赛的序幕刚刚开启,双方在航空航天事业上都取得了巨大进展。而"太空旅

① Julian Savulescu. "Human-Animal Transgenesis and Chimeras Might Be an Expression of Our Humanity". *The American Journal of Bioethics*, 2003, 3(3): 24.

② Julian Savulescu. "Human-Animal Transgenesis and Chimeras Might Be an Expression of Our Humanity". *The American Journal of Bioethics*, 2003, 3(3): 24 - 25.

③ Andrew Askland. "The Misnomer of Transhumanism as Directed Evolution". *International Journal of Emerging Technologies and Society*. Vol. 9, No. 1, 2011, pp. 71 - 78.

行"(Space travel)一词也随之成为社会热点。克莱因斯和克莱恩指出,太空旅行梦想给人提出了技术和精神双重挑战。与其为宇航员提供一种"类地球生活环境",不如增强其适应"地外环境"的能力。这要求人类能够主动介入自身的进化,借助技术手段创造出适应能力更强的"赛博格"(半机械人)。① 后来,超人类主义者吸收并发展了这一思想。他们认为,人类已经走上了参与式进化的道路,即理性介入进化,用技术手段来代替突变和自然选择,对人体进行重新设计,以达到消除生物局限性和实现人类增强的目的。

"参与式进化"与"定向进化"是超人类主义在不同的技术发展阶段对其核心理念(理性干预、控制进化)的不同表达,其本质是一种技术乐观主义或理性乐观主义。那么,这一思想在尼采那里能否获得认同呢?

众所周知,尼采是一位以"反理性"著称的哲学家。他对理性抱有极高的警惕。理性永远是视角性的,它传达的是人的局部利益,而不是生命的整体利益。如果把进化交由理性来主导,那么就是把生命的整体利益交给局部利益来决定。因此,需要追问的是,决定人类进化的这个理性究竟是谁的理性? 科学家的理性? 资本家的理性? 还是政治家的理性? 如果进化方案是我们这个时代的人共同商议出来的,那我们能否为未来人的利益代言,也是一个问题。最后,极有可能的结果是,人还没像萨弗勒斯库所说的那样,成为命运的主人,就已经先沦落为技术、资本、权力的奴隶了。

尼采认为,理性的本质是谎言,真理的本质是谬误。② "智慧就是对于自然的犯罪""它的矛头终将会反过来刺向智者本身"。③ 有理性的人是所有动物中"最败坏、最病态、最危险的"。④ 达尔文、赫胥黎、海克尔等进化论者尚且给人的高贵性留有余地,他们毕竟还承认,人处于进化链的顶端。我们对"人类高贵性的尊重"并不会因为"知道人在物质和构造上与兽类相同

---

① Manfred Clynes, Nathan S. Kline. "Cyborgs and Space". *Astronautics*, 1960, 9, pp. 26 - 27; pp. 74 - 76.
② KSA6, S. 74 - 79, S. 88 - 97.
③ KSA1, S. 67.
④ KSA6, S. 180.

而有所减少".① 而尼采则把人彻底地赶下了神坛。人不再是造物的宠儿，理性也不再意味着卓越。

在《查拉图斯特拉如是说》中，尼采描绘了一幅从动物到人再到超人的进化图景："人是某种应该被克服的东西"，尽管人"已经走完了从蠕虫到人类"的进化之路，但其"身上依然有许多东西是蠕虫"，"人依然比任何一只猿猴更像猿猴".② 这是查拉图斯特拉下山宣扬超人学说的依据和理由。许多学者基于这一进化图景，把尼采理解为达尔文主义者。这是一种以偏概全的做法。尼采确实受到进化论很大影响，但他对达尔文和达尔文主义却有着猛烈的抨击。他认为，自然选择学说是弱者的赞歌。适应环境得生存者，并非最优者，而是最劣者。唯有最低等的生物才最适应环境。最低等者通过其原始的繁殖力来维持一种"表面的不朽"，而"较高等者"却因其自身"无与伦比的复杂性"，面临极高的解体可能。③

物种可以遗传（比如鸟的后代是鸟，人的后代是人），但杰出者的杰出特性却不可遗传（杰出者的后代并不必然是杰出者）。在演化过程中，物种不走极端。极端路线容易给物种带来毁灭风险。因此物种偏爱平庸者而非冒险者。物种（譬如人）从来就不是什么进化的幸运儿（Glücksfall）。进化的幸运儿是具有杰出特性的杰出者。杰出者的杰出特性是综合先天、后天等诸多因素获得的，不能遗传给后代。因此个别天才的出现不会导致物种整体得以提升。生命从低等到高等的持续性进化（或无限完善化）是被虚构出来的。生命进化是由权力意志主导的随机性演变，一切变化都在同一时间发生，"彼此重叠、混杂、对立"。

权力意志要求生命提升，而永恒轮回则要求生命回到起点。那么权力意志与永恒轮回之间是否存在矛盾呢？ 生命提升有两层意思：一是生命的自我克服和自我超越；二是生命要"回归自然"或"向上攀升到自然".④ 人

① ［英］赫胥黎：《人类在自然界的位置》，蔡重阳等译，北京大学出版社 2010 年版，第 62 页。
② KSA4, S. 14.
③ KSA13, S. 317.
④ KSA6, S. 150.

要超人即人要通过自我克服重新回归自然。生命只有从求占有的"匮乏状态"转变为求挥霍的"豪奢状态",从自我保全转变为自我耗散,方能与自然相匹配。权力意志不仅是求占有、求保全的生命意志,更是求挥霍、求耗散的自然意志。如果只讲占有、保全,不讲挥霍、耗散,那么生命的自然轮回就无以可能。因此,在尼采那里,衰老、死亡都是自然的。而在超人类主义那里,衰老和死亡却是有待被消除的,唯有长生不朽才符合人的利益。

可见,尼采的进化观与超人类主义完全不同。后者主张的是一种由理性主导的定向进化,而前者则主张的是一种由权力意志主导的自然进化(随机性演变)。此外,超人类主义的"变运气为选择"也不会得到尼采的认同。尽管尼采赞同生命增强,但是他并不认为通过改变自然运气可以实现个体增强(这只会令人更加背离自然,背离自然意味着生命更病态,而不是更强健),同时也不认为通过个体增强能够促使生命整体得以提升。

目前,超人类主义运动席卷全球。随着这场运动的深化与发展,其在政治、经济、科学、文化领域的影响力与日俱增。如何理解它已成为学界急需重视的问题。正如一些研究者所言,超人类主义思想"过于天真",[①]无非是一种"技术决定论"[②]或"技术至善论"。[③] 然而这种貌似天真的思想,却给我们带来了巨大的理论挑战。超人类主义思潮的兴起表明,随着技术的高速发展,重新理解人,重新评估以人为本的价值,已经迫在眉睫。

把尼采与超人类主义运动联系起来是有意义的。19 世纪的进化论与机械唯物论是两者共同的思想前提。而尼采的"重估一切价值"和他对"未来哲学"的构想,也确实给超人类主义运动提供了一定的启发。但两者之间的本质性差异却不容忽视。超人类主义的进化观是一种由理性主导的定向进化,而尼采的进化观则是一种由权力意志主导的随机性演变。超人类主

---

① 王志伟:《后人类主义技术观及其形而上学基础》,《自然辩证法研究》2019 年第 8 期。
② 朱彦明:《超人类主义视域中的人的完善及其问题:从尼采的视角看人类增强》,《南京社会科学》2019 年第 3 期。
③ 朱彦明:《超人类主义:人的完善化与非政治化》,《哲学动态》2020 年第 9 期。

义的核心主张,如"理性控制进化""生命具有无限完善性"和"变运气为选择",皆与尼采思想不兼容。除此以外,索格纳、莫尔等超人类主义者也过高地估计了尼采与科学之间的亲密关系。尽管尼采对科学持开放态度,但他只是想把19世纪的科技进展拉入自己的思想框架去理解,而不是把解决问题的希望寄托于科学和技术之上。因此,尼采并非什么超人类主义先驱,即使超人类主义运动中有所谓的尼采路线,那么这条路线也并没有合格地继承尼采的遗产。

尼采与艺术

狄奥尼索斯 荷马 古希腊音乐剧

用艺术家的透镜来看科学，
而用生命的透镜来看艺术。
——《悲剧的诞生》

青年尼采的思想转型及其困境

1864—1874 年是尼采的思想蜕变期。在此期间,其研究兴趣从神学、古典学转向了哲学。尼采曾立志要做真理的追随者,却在康德、叔本华等人的影响下陷入不可知论难题,对真理感到绝望。同时,普法战争的爆发又促使他思虑欧洲文明的未来。最终,尼采通过重新发现狄奥尼索斯走出了思想困境。在狄奥尼索斯身上,他不仅看到了解决不可知论难题的可能,也看到了欧洲文明得以重生的希望。

学界长期以来对尼采思想的关注重点在于中、晚期,而对于早期思想的研究相对较为欠缺。1864—1874 年是尼采思想走向成熟的关键。它横跨了尼采波恩大学求学期、莱比锡大学求学期,以及巴塞尔大学执教期。这段时间内尼采公开出版的作品并不多,仅有《悲剧的诞生》(1872)、《不合时宜的沉思》前三部(1873—1874),以及几篇古典学论文。但除此以外,他还遗留下数量惊人的手稿、笔记和书信,内容涉及古典学、哲学、自然科学、神学、伦理学、政治学,等等。这些文稿不仅是青年尼采转向哲学之前的习作,更是其晚期思想的重要蓝本。对之进行研究,有助于我们厘清哲人思想发展脉络,更为深入地理解尼采。

从神学、古典学转向哲学

　　早期尼采的研究兴趣经历了两次较为显著的转变：一次是在波恩大学求学时从神学转向古典学；另一次是在莱比锡大学求学时从古典学转向哲学。

　　众所周知，在波恩大学第二学期尼采就违背母亲意愿中断了神学课程，把注意力完全放到古典学之上。其间他还因信仰问题跟母亲发生了多次激烈的摩擦和争吵。[1] 1865 年 6 月 11 日，尼采在给妹妹的信中说："如果你想要谋求灵魂的平静和幸福，那么就去信仰吧；但如果你想要成为真理的追随者，就需要去研究。"[2]

　　后来，尼采的两位老师弗里德里希·威廉·里奇尔（Friedrich Wilhelm Ritschl）与奥托·雅恩（Otto Jahn）之间矛盾激化，古典学重镇"波恩学派"宣告瓦解。最终，里奇尔出走波恩，去莱比锡大学执教。而尼采也随之转入莱比锡大学求学。

　　至于尼采为什么会追随里奇尔，而没有像大多数学生那样跟随雅恩留守波恩，牛津大学教授 H. 劳伊德-琼斯（H. Lloyd-Jones）认为，在里奇尔的古典学研究中有一种对文明的整体观，而这种整体观恰好符合青年尼采的研究兴趣和学术倾向。[3] 劳伊德-琼斯的解释不无道理。的确，对文明的整体观贯穿了尼采思想始终。但尼采此时对里奇尔也并非心悦诚服。1865年 8 月，他写信给好友赫尔曼·穆斯哈克（Hermann Mushacke）说："在大学里，除了一些鸡零狗碎的事，我没有学到任何东西。我只对能帮助我登高眺远的食粮感兴趣。我理应对里奇尔感恩戴德，要是将来能够经常利用到他

---

　　① ［德］萨弗兰斯基：《尼采思想传记》，卫茂平译，华东师范大学出版社 2007 年年版，第 36—37 页。

　　② Friedrich Nietzsche, *Sämtliche Briefe*, Kritische Studienausgabe in 8 Bänden（下文简称 KSB）, Bd. 2. Hrsg. von Giorgio Colli und Mazzino Moninari, München: Walter de Gruyter, 1988, S. 61.

　　③ ［英］H. 劳伊德-琼斯：《尼采和古代世界研究》，载奥弗洛赫蒂等编：《尼采与古典传统》，田立年译，华东师范大学出版社 2007 年版，第 9—10 页。

就更应如此。正常来说,我绝非不幸。我不过是为了自我的发展而放弃了许多东西罢了。一个人是多么容易被里奇尔这样的男人决定命运,或许会被他牵引着走上远离自我天性的轨道也说不定呢。"①可见,尼采大学时期就已经对里奇尔的权威产生了怀疑。两个月后,他在莱比锡旧书店偶然发现了叔本华的《作为意志与表象的世界》(两卷本),并立即为之吸引。他在与好友卡尔·冯·格斯道夫(Carl von Gersdorff)的通信中说,阅读叔本华、听舒曼音乐和独自散步已成为他大学休闲时光里的三件美事。②

在叔本华影响之下,尼采对哲学和自然科学产生了浓厚的兴趣。1868年他计划写一篇博士论文,主题为"康德以来的有机概念"。他跟好友保罗·多伊森(Paul Deussen)透露,这篇论文将会是"一半哲学的,一半自然科学的"。③ 然而,次年他就因获得巴塞尔大学古典学教职而放弃了博士论文的写作计划,仅留下一份手稿——"康德以来的目的论",内容包括读书札记、论文大纲和文献目录。尼采的这份手稿涉猎甚广,除了德谟克利特、亚里士多德等古希腊先哲,还提及休谟、康德、谢林、所罗门·迈蒙(Salomon Maimon)、叔本华、鲁道夫·赫尔曼·洛采(Rudolf Hermann Lotze)等哲学家,以及马提亚斯·雅各布·施莱登(Matthias Jakob Shcleiden)、鲁道夫·L. K. 魏尔肖(Rudolf L. K. Virchow)、洛伦兹·奥肯(Lorenz Oken)、赫尔曼·冯·赫尔姆霍兹(Hermann Von Helmholtz)等自然科学家。我们可以从这份手稿看出青年尼采的兴趣转向,以及他对科学进展,尤其是生物学进展的开放态度。这为其后来从古典学转向哲学(包括自然科学)埋下了伏笔。

广泛的涉猎使得尼采可以从更高角度反思古典学研究中的一些问题。这种反思体现在他的就职演讲《荷马与古典语文学》(1869)里。这篇演讲不仅是尼采职业生涯的起点,更是他正式从古典学转向哲学的起点。尼采很重视这篇演讲,他在1885年编排自己的作品集时,还特意将其与《悲剧的诞

① KSB 2, S. 80 - 81.
② KSB 2, S. 121.
③ KSB 2, S. 269.

生》一起放在开端之处。①

　　在这篇演讲中,尼采试图追问古典学作为一门学科何以可能。他认为,科学化是古典学面临的最大问题。究其原因是人们对古典学内涵,以及古典学家在社会中应当扮演何种角色,尚未达成共识。学者们一方面试图通过文献实证把古典学科学化,来掩盖自己艺术能力和艺术感受的缺失;另一方面又试图依据自身的能力和喜好,从其他学科中吸收一些差异的甚至敌对的元素。② 这导致了古典学的内部分裂和语文学家各执一端的不合局面。

　　为了解决这种纷争,尼采指出,古典学应当走向哲学,"那曾经是语文学的,现在变成了哲学"(Philosophia facta est quae philologia fuit)。这句话源自古罗马哲学家塞内卡的名言:"那曾经是哲学的,现在变成了语文学。"(Itaque quae philosophia fuit,facta philologia est.)塞内卡的本意是为了批评古罗马当时的哲学教育,将理应关心青年人格发展的哲学,变成了教青年诡辩的语文学。尼采却一改塞内卡的原意,把语文学哲学化看作未来发展之趋势。语文学活动应当被"一种哲学世界观所限制",任何使古典学碎片化的行为都要"蒸发消失掉"。③

　　尼采这里讲的哲学世界观应该是狄奥尼索斯世界观。它以预告的方式隐藏在这篇演讲的结尾处。1870 年,他在《狄奥尼索斯的世界观》一文里首次对此作了阐述。狄奥尼索斯代表着一种整合力量。在酒神节里,所有的等级秩序都被打破了,人们遵循本能冲动,举杯狂欢,达到一种陶然的忘我状态。"人人载歌载舞,仿佛都是一个更高的理想社会的成员——连走路和说话都不会了"④"在狄奥尼索斯的陶醉里,……大自然以其最高的力量表现出来——它使个体存在重新靠拢,让他们意识到本身乃是一"。⑤

　　执教巴塞尔大学之初,尼采尚怀有从事古典学的雄心。他对古典学家寄予了厚望,认为他们"是诸神的信使"(Götterbotin),有责任、有义务降临

---

　　① KSA11,S. 669.
　　② [德]尼采:《荷马的竞赛》,韩王韦译,上海人民出版社 2018 年版,第 2 页。
　　③ 同上书,第 25 页。
　　④ KSA1,S. 30,S. 555.
　　⑤ KSA1,S. 557 - 558.

到这个阴森痛苦的世界上，为世人述说神灵的高贵与美好。① 但不久他就意识到，自己的古典学理想在当时的学界并不受欢迎，同时，考据式文献研究也无法令自己的哲学雄心得到满足。于是，1871 年 1 月，尼采给威廉·菲舍尔-比尔芬格（Wilhelm Vischer-Bilfinger）写信，提出想把自己的古典学教席更换为哲学教席，②但没有得到菲舍尔的支持。

1872 年，尼采出版了第一本专著《悲剧的诞生》。这本书其实是他履职巴塞尔大学后的一些手稿汇编。这些手稿包括：《古希腊音乐剧》（"Das griechische Musikdrama"）、《苏格拉底与希腊悲剧》（"Sokrates und die griechische Tragödie"）、《悲剧与自由思想者》（"Die Tragödie und die Freigeister"）、《狄奥尼索斯的世界观》（"Die Dionysische Weltanschauung"）以及《悲剧思想的诞生》（"Die Geburt des tragischen Gedankens"）等。尼采在这本书中试图借酒神与日神二元艺术观来理解古希腊的悲剧文化。此书的发行一方面传达了尼采意图把古典学哲学化的学术主张，另一方面也透露出他在古典学与哲学之间的摇摆和妥协。对此，尼采的恩师里奇尔颇有不满，他发现在尼采那里不仅有"学院派严肃的学术研究方法"，而且有一种"对瓦格纳-叔本华艺术神秘宗教的迷醉"。③ 此两者的糅合正是尼采早期摇摆在古典学和哲学之间的结果。1886 年，尼采在《自我批判的尝试》一文中把自己的这种摇摆称作"笨拙的（schwerfällig）和痛苦的（peinlich）"。④唯有到了"不合时宜的沉思"时期，他才逐渐摆脱了思想上的"笨拙"和"痛苦"，真正走向哲学。

不可知论难题与尼采的解决尝试

在巴塞尔"不合时宜的沉思"期间，尼采追随真理的想法遭遇到了挑战。

---

① ［德］尼采：《荷马的竞赛》，第 24 页。
② KSB3, S. 175.
③ KSA15, S. 46.
④ KSA1, S. 14.

他在《作为教育者的叔本华》(1874)一文中总结了跟随叔本华可能会面临的三种危险：第一，孤独之命运；第二，对真理的绝望；第三，在道德事务上的无情和冷漠。① 这三种危险伴随了尼采的一生。但对早期尼采而言，最重要的或急需解决的是第二种危险，因为它会"伴随每一位从康德哲学出发走上自己道路的思想家"。②

众所周知，康德在严格现象论的基础上为人的理性划了一个界线。他认为，凡是能够被理性证实的才是知识，否则就不是。由于只有现象(Erscheinung)才能被理性证实，而物自体(Ding an Sich)无法被证实，因此，人类所有的知识都只是关于现象的知识。与物自体相关的活动虽能产生艺术或宗教，但不能产生知识。

康德的现象论是认识论发展史上重要的一环。认识论又称作知识论，是研究人类认识何以可能、人类知识何以可能的学问。在柏拉图的《泰阿泰德篇》里就记载过一场关于"知识是什么"的讨论。这场讨论发生在苏格拉底和泰阿泰德之间。在这场讨论中，苏格拉底区分了"关于某物的知识"与"知识本身"，③批判了"知识是一种因人而异的知觉""知识是一种真实的论断"等流俗观点。④ 他最终虽然没有给出"知识"的明确定义，但却在一定程度上承认，知识必须是真的，并且人们需要相信它是真的。如果人们要相信知识为真，那么就需要对它进行理解和论证。也就是说，知识作为一种观念，它除了要被信以为真以外，还要能够被证明为真。

倘若如康德所言，只有现象能够被证明为真，而物自体无法被证明为真。那么不可知论问题就不能得到彻底解决。针对此，叔本华把世界分为表象(Vorstellung)和意志(Wille)两面。意志是表象的基础和"世界的内在本质"。⑤ 表象要被认识，就需要有认知主体。认知主体是能够"认识一切

---

① KSA1, S. 359 – 360.
② KSA1, S. 355.
③ ［古希腊］柏拉图：《泰阿泰德　智术之师》，严群译，商务印书馆 1963 年版，第 31 页。
④ 同上书，第 45 页、第 103 页。
⑤ ［德］叔本华：《作为意志和表象的世界》，石冲白译，商务印书馆 2009 年版，第 204 页。

而不被任何事物所认识的"。① 有了认知主体以后，表象自然而然就变成了认知客体。认知客体（表象）是意志的一种较为初级的表现形式，而认知主体则是意志较为高级的表现形式。如果没有认知主体，那么意志就会是混沌和盲目的。由于认知主体与认知客体不过是同一意志的不同表现形式；因此，认知主体对于认知客体的认知，归根结底不过是"意志自己在认识自己"。② 如此，叔本华在一定程度上解决了康德遗留的不可知论难题。

1873 年，尼采写了一篇手稿《从道德意义之外论真理与谎言》（"Über Wahrheit und Lüge im aussermoralischen Sinne"）。在这篇手稿中，尼采指出，人的智力（der intellekt）是成问题的。智力作为一种有知性参与的思维能力，是弱小生物自我保全的生存手段。因为它时时刻刻得依靠着智力来施展伪装和欺骗。③ 在此尼采变得比康德更激进。他认为，人不但无法认识物自体，甚至连人的认识本身也不值得信赖。就认识来说，"首先，一个神经刺激转换成了一个图像，第一重隐喻；紧接着这个图像又在一个声音中被模拟，第二重隐喻。每一次领域的全然跳跃，都会进入另一个全新的领域之中"。④ 也就是说，语言（理性）是人类玩的多重隐喻。以它为基础追求真理其实与追求谬误没有什么本质区别。⑤ 后来，在 1885 年的手稿中，尼采再次强调："真理是谬误的类型，没有它，有生之物中的某个特定种类就无法存活。"⑥只要人还自我标榜为理性动物，只要人还把理性求知当作第一要务，那么他就不可避免会坠入不可知论当中。

尼采指出，生命还存在另外一种可能，即从理性走向直觉（Intuition），用直觉人（der intuitive Mensch）代替理性人（der vernünftige Mensch），将日常生活审美化和艺术化，"因为唯有作为审美现象，此在和世界才能是永

---

① ［德］叔本华：《作为意志和表象的世界》，石冲白译，商务印书馆 2009 年版，第 28 页。
② 同上书，第 251 页。
③ KSA1，S. 876.
④ KSA1，S. 879.
⑤ Henning Ottmann, *Nietzsche Handbuch*，Stuttgart-Weimar：J. B. Metzler，2011，S. 277.
⑥ KSA11，S. 506.

远正当且合理的"。①

这种把希望寄托在艺术审美上的思想并非原创。在叔本华哲学中,艺术也是人类摆脱痛苦的一种方式,尽管它并不时常奏效。叔本华认为,人主要通过直观(Anschauung)和理性(Vernunft)两种方式来认识世界。② 但这两种方式都会将人局限在表象世界当中,为意志所奴役。如果要摆脱意志的奴役,人就需要先否定自身的欲望,否定自己以前的认知方式(直观或理性),达到一种"纯粹的、无意志的、无痛苦的、无时间的"③状态。

在叔本华思想的基础上,尼采把人区分为理性人和直觉人。理性人是一种受"概念和抽象指导的人",他"通过抽象手段能成功地"让自己"避开不幸,但却不能从这抽象中得到任何幸福";与理性人相反,直觉人不逃避属于他的不幸。他一方面通过直觉"抵制不幸",另一方面则通过它"收获源源不断的启示、欢乐和拯救"。④ 与叔本华不同的是,尼采并不认为,人只有达到无欲无求的状态才能和世界的本质(意志)相融合。在他看来,人只要依靠直觉,用一种艺术的、审美的方式与世界打交道,就可以抵制荒诞与不幸,获得"启示、欢乐和拯救"。

尼采所谓的直觉人即狄奥尼索斯式的人。狄奥尼索斯代表着一种"非理性的超自然因素"。⑤ 狄奥尼索斯式的人就是"本能的诗人、歌者和舞者"。⑥ 他善于用一种直觉的、艺术的方式体验世界,感受存在之痛苦。当直觉人"受苦时,他更强烈地感受到痛苦;他甚至经常受苦,因为他不知道怎样从经验中学习,一次又一次地落入同一陷阱。他在悲痛中和在幸福中一样是非理性的,他放声大哭,但却不希望得到安慰"。⑦ 直觉人多次遭受同

---

① KSA1, S. 47, S. 152.
② 叔本华区分了知性(Verstand)与理性(Vernunft)。知性某种程度上是一种直观,而理性却是一种跟概念打交道的能力。
③ 叔本华:《作为意志和表象的世界》,石冲白译,商务印书馆 2009 年版,第 249 页。
④ KSA1, S. 889.
⑤ KSA1, S. 556.
⑥ KSA1, S. 567.
⑦ KSA1, S. 889 – 890.

样的痛苦,与狄奥尼索斯的多次受难经历①相似。在酒神祭祀中,狄奥尼索斯的女信徒会跑进山林,用乳汁哺育动物,然后又疯狂地撕碎动物,这种仪式就是为了向酒神的多次受难致敬。

　　作为酒神艺术家,狄奥尼索斯式的人把一次又一次的受苦当作一次又一次的美学盛宴来体验和经历。他同自己的"痛苦与冲突"打成一片、融为一体。② 如果说理性人是"生命匮乏者"(der bedürftige Mensch),③那么直觉人就是"超级欢乐的英雄"(überfroher Held)。④ 理性人企图藏身于概念搭建的幻相背后。而直觉人则洞悉了这种虚妄,企图以审美的方式,重新回到跟世界的直接交往当中。在直觉人那里,"艺术对生活的统治确立起来了"。⑤ 这里的艺术指的是狄奥尼索斯艺术,它建立在令人陶醉而又狂喜的游戏上。⑥

　　尽管尼采在狄奥尼索斯艺术中看到了一种解决不可知论难题的可能,但他也意识到,酒神不仅会令人陶醉和狂喜,还会令人疯癫、暴虐,甚至走向死亡。如何将狄奥尼索斯的残酷一面也纳入"肯定生命"的哲学框架当中来,是青年尼采需要进一步深思的问题。

尼采的参战经历及"将来之神"构想

　　尼采对酒神残酷一面的理解与其参战经历有关。1870 年 7 月 15 日,法国议会决定跟普鲁士动武。正式宣战公告于 7 月 19 日送抵柏林。⑦ 普鲁士则意图借此良机一统德国,于是公开回应跟法国宣战。而在此之前,相关消息就已经在欧洲大陆传播开了。尼采曾对这场战争表示担忧。他在 7 月 16

----

　　① 狄奥尼索斯至少经历了三次死亡和重生。参见吴雅凌编译:《俄耳甫斯教祷歌》,华夏出版社 2006 年版,第 62 页。
　　② KSA1, S. 43 - 44.
　　③ KSA1, S. 888.
　　④ KSA1, S. 889.
　　⑤ KSA1, S. 889.
　　⑥ KSA1, S. 554.
　　⑦ KSA15, S. 23.

日写给好友罗德(Erwin Rohde)的信中说:"战争降临到我们头上,犹如可怕的雷鸣一般。我们那虚弱无力的文明会一头扎进恶魔的怀中,接下来我们将经历些什么可想而知!……我们将重新需要修道院,我们将成为第一批修道士(Fratre)。"①

战争初期,尼采持中立态度,他以超然的瑞士人自居。② 然而,随着战争进一步深化,他就再也按捺不住了。8月8日,尼采给威廉·菲舍尔-比尔芬格写信,申请休假参军,成为"一名战士或者护理员"。③ 他的申请很快就得到了巴塞尔教育局的允准。8月13日,尼采到巴伐利亚的埃尔朗根(Erlangen)受训。22日训练结束之后,他成为卫生兵加入了战地医疗队。其间,瓦格纳的夫人柯西玛·瓦格纳还劝告他:"宁愿将雪茄而不是自己寄给士兵。"④但柯西玛的建议并未抑制尼采奔赴战场的热情。他颇有斗志地随队穿越了德军占领区阿尔萨斯,帮助护理运送伤员,也目睹了人们清扫战场、收集死尸。后来,因为在湿冷环境里感染了白喉和痢疾,尼采不得不住进一间野战医院休养。痊愈之后,他就立即回到了瑙姆堡,回到母亲和妹妹身边。⑤

尽管尼采在战场上只待了两周左右,但战争带来的死亡和伤痛却长期盘桓在他的脑海,挥之不去。尼采有意将自己的战争经验与古希腊悲剧以及酒神狄奥尼索斯联系起来。1871年,他在《献给瓦格纳的前言》("Vorwort an Richard Wagner")(草稿)中表示,即使在可怕的战场上,他也曾专注思考悲剧的三个"无底深渊":错乱、意志和痛苦。⑥ 而这三个悲剧性深渊都与狄奥尼索斯有着深层关联。

在欧里庇德斯的悲剧《酒神的伴侣》里,阿高厄就因亵渎酒神的母亲被狄奥尼索斯弄得精神错乱,最后在癫狂中把自己的儿子彭透斯杀死了。伪

---

① KSA15, S. 23; KSB3, S. 130 - 131.
② 尼采在给罗德的信里署名为"忠实的瑞士人"(Der treue Schweizer),KSB3, S. 131.
③ KSA15, S. 24.
④ [德]萨弗兰斯基:《尼采思想传记》,第66页。
⑤ [法]丹尼尔·哈列维:《尼采传》,叶德新译,新世界出版社2012年版,第67页。
⑥ KSA7, S. 354.

阿波洛道鲁斯（pseudo-Apollodorus）在《书库》（*Bibliotheca*）中介绍了数起狄奥尼索斯对不信者的惩罚。阿尔戈斯（Argos）国王阿克里西俄斯（Acrisius）的女儿达那厄（Danae）拒绝崇拜狄奥尼索斯，狄奥尼索斯就把她弄疯了；而梯林斯（Tiryns）国王普洛托斯（Proetus）的三个女儿，吕西佩（Lysippe）、伊菲诺俄（Iphinoe）和伊菲阿那萨（Iphianassa）也因为拒绝参加酒神祭礼惹怒了狄奥尼索斯。为了惩戒她们的不敬，狄奥尼索斯就大展神威让她们得了失心疯。①

　除了会令人癫狂错乱以外，狄奥尼索斯还会带来暴力、痛苦和死亡。据说，狄奥尼索斯为了报答阿提卡（Attica）农民伊卡瑞斯（Icarius）的接待之恩，就把酿酒技术传授给了他，并期望通过他将自己的这份恩德施予众人。伊卡瑞斯酿出酒后，邀请几位牧羊人前来品尝。牧羊人狂喝豪饮，迷失了自我，沉溺于葡萄酒的美味不能自拔。等他们清醒过来以后，误认为中了伊卡瑞斯的妖术。于是几位牧羊人就发起恼来，把伊卡瑞斯给杀死了。后来，伊卡瑞斯的女儿埃拉戈涅（Erigone）在父亲的猎犬麦拉（Maera）的帮助下，发现了父亲的尸体。埃拉戈涅承受不了丧父之痛，也跟着上吊自杀了。②

　在北欧神话里，狄奥尼索斯不仅会肯定生命，还会肯定死亡。据说他的这种双重能力来自母亲珀尔塞福涅（Persephone）。狄奥尼索斯的母亲可能有两位，一位是凡人塞墨勒（Semele），另一位则是宙斯的女儿珀尔塞福涅。珀尔塞福涅是主掌死亡与生育的女神。狄奥尼索斯出生以后继承了母亲的能力，不仅会给凡人带来死亡，还会保佑他们交合生育，让世间繁茂多果实。尼采对狄奥尼索斯的双重能力十分清楚。在《悲剧的诞生》中，他一方面把教唆人"赶紧去死"的林神西勒尼（Silen）视作酒神的代言人，③另一方面又将狄奥尼索斯视作欧洲文明的希望，并赋予其救世和末日审判的功能。④在他看来，欧洲文明的重生希望，不在于德国在普法战争中取得的血腥胜

---

　① Pseudo-Apollodorus, *The Library* book 2，2.2，J. G. Frazer（trans.），https：//www.theoi. com/Text/Apollodorus2. html♯2.

　② *The Library*，book 3，14.7，https：//www. theoi. com/Text/Apollodorus3. html♯14.

　③ KSA1，S. 35.

　④ KSA1，S. 128.

利,而在于重新理解和发现沟通生与死的酒神狄奥尼索斯。

其实在尼采之前,荷尔德林就已经把文明的希望寄托在酒神狄奥尼索斯身上了。在哀歌《面包与葡萄酒》中,荷尔德林称狄奥尼索斯为"将来之神"(der kommende Gott),并试图将其与耶稣基督融为一体。① 他认为,尽管希腊诸神已经离我们远去,酒神却遗留凡间,为世人传递着诸神的踪迹与讯息。耶稣基督作为现代酒神,既是古希腊旧神体系遗留下的最后一位神祇,又是开启未来新神体系的第一位神祇。他贯穿古今,是连接古希腊文化与基督教文化的桥梁。因此,酒神(狄奥尼索斯-耶稣基督)不仅代表着欧洲文明的过去,还代表着欧洲文明的现在和将来。

狄奥尼索斯与耶稣基督之间存在着许多隐秘相似。他们都有过死亡和重生的经历,都以"面包和葡萄酒"为象征,都曾被视作陌生者或异邦人,也都曾被信徒尊崇为"将来之神"。尼采对狄奥尼索斯的理解很可能直接受到荷尔德林的影响。虽然当时荷尔德林尚未形成大范围影响力,但其价值早已被尼采所认识。尼采在早期手稿中曾多次摘抄荷尔德林的箴言和诗句。他一方面继承了荷尔德林的看法,把"酒神"视作勾连古今的桥梁和德意志文化复兴的信心所在,但另一方面却不赞同像荷尔德林那样,把耶稣基督装扮成酒神的样子,而是主张用狄奥尼索斯来替代基督,或者说用艺术审美来替代宗教信仰。

此外,尼采还试图把赫拉克利特的思想融入狄奥尼索斯形象当中。赫拉克利特认为世界的本质是火,万物都处于永恒的活火之中。永恒的活火无休止地建设着和破坏着,"就像一个孩子在海边堆积沙堆又毁坏沙堆一样"。② 尼采认为,在狄奥尼索斯身上也体现出了破坏与建设的两面。在《悲剧的诞生》中,他将狄奥尼索斯分为野蛮和文明两个层次。野蛮的狄奥尼索斯代表着一种毁灭、破坏冲动。而文明的狄奥尼索斯则在阿波罗的牵制下成为一种建设性元素。它肯定生命,甚至把癫狂、痛苦和死亡也纳入肯定当中。

---

① ［德］荷尔德林:《面包与葡萄酒》,参见《荷尔德林后期诗歌集》,刘皓明译,华东师范大学出版社 2013 年版,第 69—76 页。刘皓明将这首诗的题目译作"饼与葡萄酒"。

② ［德］尼采:《希腊悲剧时代的哲学》,周国平译,商务印书馆 1994 年版,第 42—43 页。德文版见 KSA1, S. 830。

尼采晚期主张重估一切价值,"用锤子来做哲学"(《偶像的黄昏》副标题),并试图通过肯定"权力意志"来寻找符合生命的"未来哲学"。这一切都与酒神狄奥尼索斯暗合。在古希腊的酒神节里,狄奥尼索斯一方面冲击传统的社会秩序,对道德律法提出挑战,另一方面又洗涤人的灵魂,为美好之明天积蓄力量。因此,将狄奥尼索斯视作关乎欧洲文明之未来的"将来之神"的确有其合理之处。但是,酒神能否完全替代基督,狄奥尼索斯式审美在实践上是否具规范性和普遍性,依然值得商榷。

目前学界关于尼采分期问题大体有两种看法:一是按照生平将其分为青少年时期(1844—1869)、巴塞尔大学执教期(1869—1879)、自由思想时期(1879—1889)以及精神失常时期(1889—1900);二是按照代表作将其分为以《悲剧的诞生》和《不合时宜的沉思》为代表的早期、以《快乐的科学》和《查拉斯图特拉如是说》为代表的中期、以《善恶的彼岸》《道德的谱系》《偶像的黄昏》《敌基督者》以及《权力意志》为代表的晚期。这两套方案各有优劣。前者注重凸显尼采的日常生活和社会交往,有助于我们了解其思想变迁和生平轨迹。而后者则注重凸显尼采的主要作品和思想结构,有助于我们深入理解其思想成就和哲学史意义。但由于尼采思想是连贯的,我们在具体研究中很难能通过时间或代表作将其机械地划分成几个截然不同的时期。因此,参考但并不拘泥于上述两套方案似乎更为可取。

1864—1874 年是尼采思想走向成熟的关键。在这段时间里,尼采的研究兴趣从神学转到古典学,又从古典学转到了哲学和自然科学。他曾立志要做真理的追随者,却在康德、叔本华等人的影响下陷入不可知论难题,对真理感到绝望。同时,普法战争也对尼采思想造成了深远的影响。这场战争改变了 19 世纪欧洲政治格局,促使青年尼采开始思考德意志文化和欧洲文明的未来。通过重新发现狄奥尼索斯,尼采走出了思想困境。狄奥尼索斯代表着一种对于生命和文明的整体观,他不仅肯定欢乐,也肯定痛苦、残酷乃至死亡。尼采在狄奥尼索斯身上发现了走出不可知论难题的可能,同时也发现了欧洲文明得以重生的希望。

从艺术到哲学：
尼采思想中狄奥尼索斯形象之变

狄奥尼索斯形象在尼采早期与晚期著述中表现出不同的思想内涵。早期，狄奥尼索斯代表着一种原始的艺术冲动。晚期，狄奥尼索斯却人格化为查拉图斯特拉。通过查拉图斯特拉，尼采的狄奥尼索斯从艺术走向了哲学。此外，尼采早期借助狄奥尼索斯是想唤醒人们对于远古神话的热情。而到了晚期他却试图借助狄奥尼索斯构想一个能够取代基督教的新的宗教。

20 世纪以来，对人类社会影响最大的哲学家，除了马克思以外，可能就是尼采了。弗洛伊德、海德格尔以及法国新尼采主义者如福柯、德里达、德勒兹等人都受到尼采很大影响。迄今为止，尼采研究已经横跨哲学、语文学、宗教学、政治学等多种学科，成为学界无法回避的热点。

然而，如何理解尼采，却是一个颇具争议性的问题。雅斯贝尔斯认为尼采是一位"极端"而又"伟大"的"信仰复兴主义者"，[①]海德格尔认为他是"最后一位形而上学家"，[②]福柯、德勒兹、德里达等法国新尼采主义者认为他是后现代主义先驱，而施特劳斯学派又喜欢尊他为反柏拉图的柏拉图主义者。

---

① ［德］雅斯贝尔斯：《大哲学家》，李雪涛主译，社会科学文献出版社 2005 年版，第 19—20 页。
② ［德］海德格尔：《尼采》，孙周兴译，商务印书馆 2014 年版，第 504 页。

此外尼采还曾被解释为反启蒙的启蒙主义者（施密特、黑勒）①、自然主义者（莱特、沙赫特）②、德性伦理学家（克里斯蒂娜·斯旺顿[Christine Swanton]），等等。在哲学家里，尼采可能是头衔最多的一位。这诸多的头衔一方面说明了尼采的影响力，另一方面也说明了理解尼采之困难。

从尼采第一部公开发行的专著《悲剧的诞生》，到他发疯前最后一部亲手编定的文稿《狄奥尼索斯颂歌》，酒神狄奥尼索斯这个形象都占据着极其重要的位置。尼采曾经在他的《偶像的黄昏》《瞧，这个人》等多部著述中宣称自己是第一个领悟并且认真对待"奇妙的狄奥尼索斯现象"③的人。同时，他又坚信自己是"狄奥尼索斯的最后一位门人"。④ 在强调自己是"第一个"的同时，又要表明自己是"最后一位"，尼采无外是想让读者们认识到，他对于狄奥尼索斯的理解是多么的前无古人后无来者。也就是说，尼采迫切地想让别人承认他的独一无二。那么，他如此自夸的底气究竟从何而来呢？

要回答这个问题，就必须对尼采的狄奥尼索斯形象进行一番研究。虽然尼采认为自己对于狄奥尼索斯的理解自始至终都是一致的。但不容忽视的是，在尼采的早期著述中，狄奥尼索斯这个形象与晚期相比还是存在着很大的差异。比如在《悲剧的诞生》一书里，狄奥尼索斯与阿波罗分别代表着两种基本的原始冲动：同一化冲动（寻求与自然、他人合一：醉）以及差异化冲动（寻求与自然、他人相区分：梦）。正是这两种冲动的对立与结合，造就了古希腊艺术的典范——音乐悲剧。然而到了晚期，尼采却试图将狄奥尼索斯同耶稣基督对立起来。⑤ 同时，狄奥尼索斯也褪却了古希腊神祇的外衣，升华为一种哲学精神，一种与临界体验、神秘体验有关的生存态度。拥有这种生存态度的人，正如尼采在诗中所说，"不过是疯子而已，不过是诗人而已"。⑥

---

① 孙周兴：《尼采与启蒙二重性》，《同济大学学报（社会科学版）》2011 年第 1 期。
② 韩王韦：《尼采为什么是一位自然主义者》，《自然辩证法研究》2018 年第 6 期。
③ KSA6，S. 158，S. 311.
④ KSA6，S. 160.
⑤ KSA6，S. 374.
⑥ KSA6，S. 377 – 380.

众所周知,尼采并非谈论狄奥尼索斯现象的第一人。在尼采之前,温克尔曼、荷尔德林、谢林等人都曾经有过相关的论述。但是,与前人相比,尼采的独特性却是显而易见的。他是第一位,也是唯一一位把酒神狄奥尼索斯与自己的哲学思想整体关联起来的人。因此,只有理解了狄奥尼索斯,才能够理解尼采。

从艺术走向哲学

在《悲剧的诞生》中,狄奥尼索斯首先是一种回归太一的原始冲动,其次是一种让阿波罗幻象世界崩溃的艺术冲动。这表明,在早期尼采那里,存在着两个狄奥尼索斯。一个与大自然毁灭万物又生成万物的原始艺术有关,另一个则与希腊步入文明阶段之后的人的艺术(抒情诗、音乐悲剧等审美艺术)有关。在这两个狄奥尼索斯之间,或在狄奥尼索斯原始艺术与狄奥尼索斯人的艺术(审美艺术)之间,存在着一种思想上的跳跃。于是,阿波罗冲动以及阿波罗幻象世界就成了帮助狄奥尼索斯完成这一跳跃的必需。也就是说,唯有借助阿波罗幻象世界的形成与崩溃,狄奥尼索斯原始艺术才能够最终升华为狄奥尼索斯人的艺术(审美艺术)。

然而,在尼采的晚期著述里,与太一或大自然的原始艺术相关的狄奥尼索斯淡出了。早期的两个狄奥尼索斯逐渐融合,变成了一个狄奥尼索斯。那么,这是否就意味着对于晚期尼采来说,狄奥尼索斯离开存在领域进入了生成领域(伽格德),并进而彻底走出形而上学的泥潭了呢?①

要回答这个问题,首先就需要弄清楚狄奥尼索斯与尼采晚期思想之间的关系。1889 年,尼采在《偶像的黄昏》一书中写道:

> 只有在狄奥尼索斯的神秘仪式中……希腊人……的“生命意志”才

---

① 伽格德(Dylan Jaggard)认为,狄奥尼索斯在《悲剧的诞生》里“深陷于形而上学”的泥潭,因而,他断定,狄奥尼索斯在早期尼采那里属于存在领域,到了晚期则进入了生成领域。参见伽格德:《狄俄尼索斯针对狄俄尼索斯》,《尼采与古代》,田立年译,华东师范大学出版社 2011 年版,第 369 页。

能够得以表达。希腊人以这种神秘仪式来确保什么呢？永恒的生命，
生命的永恒轮回。①

可见，狄奥尼索斯与晚期尼采的重要概念生命意志（权力意志）和永恒
轮回有关。虽然尼采通过狄奥尼索斯批判了传统形而上学，但是绝不能贸
然认定，尼采晚期已经走出了形而上学的泥潭。要不然，海德格尔对于晚期
尼采的形而上学阐释也不会在学界畅销至今了。

尼采早期在《悲剧的诞生》中将艺术分为两大类：一类是阿波罗的幻象
艺术；另一类是狄奥尼索斯的悲剧艺术。与这两类艺术相对应的是两类艺
术冲动，即阿波罗冲动与狄奥尼索斯冲动。这两类冲动都是根源于"太一"
（自然）的原始冲动。除此之外，尼采还区分了与太一相关的原始的狄奥尼
索斯和与希腊人相关的文明的狄奥尼索斯。正是因为有了这样的区分，尼
采就在哲学与艺术之间划分了界限。原始的狄奥尼索斯属于哲学的研究范
围，尼采将之称为"原始的艺术"，或"形而上学的艺术"。文明的狄奥尼索斯
和阿波罗则属于艺术研究的范围，尼采将之视为模仿"太一"（自然）的人的
艺术（审美艺术）。

虽然尼采早期的确试图构建一种艺术形而上学，但是，艺术对于尼采来
说，并不是刻意要取代形而上学的东西，恰恰相反，尼采通过原始的狄奥尼
索斯和文明的狄奥尼索斯，来区分形而上的原始艺术和希腊人的审美艺术，
进而道出了艺术本体论与艺术生成论之间的本质区别。说尼采早期的思想
是形而上学的，不如说他的思想是"为艺术而艺术"的。因此，在早期尼采眼
中，狄奥尼索斯这个形象更多与艺术，而非与哲学相关。

然而，到了晚期，尼采却有了明确地反对传统形而上学的目的，无论是
"价值重估""未来哲学"还是"超人"，都有着明确的哲学指向和哲学诉求。
也就是说，到了晚期，尼采为酒神狄奥尼索斯披上了哲学的外衣。于是，在
尼采晚期著述中，对于艺术的热爱就转变为对于哲学的热爱。他所谓的"未
来哲学"无非是要用"真"哲学（生命哲学、此岸哲学）替换以往的"伪"哲学

---

① KSA6，S. 159.

（形而上学、彼岸哲学）。

灵与肉的结合：狄奥尼索斯的人格化

　　众所周知，尼采批判基督教的一个重要依据是，基督教远离了此岸世界的美好，而把理想投射到虚无缥缈的彼岸世界之上。然而，在《悲剧的诞生》中，尼采设定世界的本质为太一，并试图以此为基础构建他的艺术形而上学。尼采似乎也把理想寄托在了彼岸世界（太一）之上。那么，尼采思想跟基督教思想又有什么本质区别呢？

　　在面对存在之苦时，狄奥尼索斯信徒选择纵酒高歌；而基督徒却选择逃向上帝的怀抱。尼采认为，基督徒对此岸世界充满了怨恨。他们不可能跟酒神结缘，更不可能从酒杯里发现"此岸的慰藉艺术（die Kunst des dieseitigen Trostes）"。① 能够发现酒神"此岸慰藉艺术"的人，是那些懂得酒的妙处的人。

　　虽然狄奥尼索斯艺术是一种"此岸的慰藉艺术"，但毋庸置疑，在尼采笔下，狄奥尼索斯艺术也确实有形而上学的成分。这是因为在早期尼采那里，狄奥尼索斯冲动首先是一种根源于太一的原始冲动。然而，需要注意的是，尼采设定太一这个形而上的概念，是为了凸显狄奥尼索斯艺术的纯粹性，而并非为了要反对此岸的尘世生活。在早期尼采的眼中，狄奥尼索斯冲动与阿波罗冲动一样，都是一种在世的冲动，也就是说这两种冲动都属于此岸世界。因而，这两种冲动之间的对立，并不是彼岸世界与此岸世界之间的对立，而是两种艺术化的在世方式之间的对立，或者说是两种在世状态之间的对立。

　　尼采认为，虽然狄奥尼索斯艺术与阿波罗艺术都能够为人提供一种此岸的慰藉，但是，只有从狄奥尼索斯那里，人才能够学会欢笑。欢笑不但是区分狄奥尼索斯信徒与基督徒的关键，它还是区分狄奥尼索斯信徒与叔本

---

　　① KSA1, S. 22.

华信徒的关键。"除非你们情愿彻底地沉浸在悲观主义之中，否则，你们就应该学会欢笑。"①狄奥尼索斯的教义是号召人们用欢笑来迎接自己的命运，而叔本华的教义却是号召人们绝情弃智，做一个反生命的悲观主义者。

针对叔本华式的悲观主义，尼采开了一个药方：

跟我学，朋友！敢作敢为，

吞下一只肥硕的蛤蟆，

迅速，不要细察！——

这能预防恶心反胃！②

在尼采看来，解决悲观厌世的最好办法，就是信任自己的身体。相信自己的身体有足够强大的生存能力。它能够吸收一切看似不能够吸收的东西，来作为自身的养分。而要相信身体，首先就需要学会狄奥尼索斯欢笑。狄奥尼索斯欢笑不但与心灵相关，而且还与肉体相关。也就是说，狄奥尼索斯欢笑是一种灵与肉结合的欢笑。要想学会它，首先就需要身心合一。

身心二分是苏格拉底理性主义发展到一定阶段的产物。柏拉图早在《理想国》里就曾经把灵魂分为三个部分：理性、激情和欲望，并认为理性离理念世界最近，因而是灵魂中高等的、不朽的部分；而欲望则与人的身体关系密切，因而是灵魂中低等的、可朽的部分。基督教继承了柏拉图的理念说，将对精神（上帝）的痴迷和对肉体（世俗）的仇恨发展到极致。尼采认为，只有人这样的有生之物，才会试图用一个看不见的自我（精神）来反对一个看得见的自我（肉体），并最终陷入自己仇视自己的怪圈之中。于是，人失去了对此岸世界的热爱，不得不寄希望于彼岸世界，寄希望于他处。

为了对抗基督教，查拉图斯特拉降临了。

朋友查拉图斯特拉来了，这位客人中的客人！

现在世界笑了，可怕的帷幕已扯去。③

---

① KSA1, S. 22.

② ［德］尼采：《给悲观主义者的药方》，载《尼采诗集》，周国平译，作家出版社2012年版，第138页。

③ ［德］尼采：《自高山上》，载《尼采诗集》，第75页。

查拉图斯特拉作为真正的欢笑者(Wahrlacher)，他宣告："我自己为自己佩戴上这王冠，我自己宣告我的欢笑是神圣的。"①查拉图斯特拉是狄奥尼索斯式恶魔(Unhold)。② 弗里德里希·考尔巴赫(Friedrich Kaulbach)认为，尼采晚期借助查拉图斯特拉之口所要讲述的不过是"狄奥尼索斯的语言"。③ 查拉图斯特拉是"未识之神(unbekannter Gott)"④(狄奥尼索斯)的化身。"查拉图斯特拉如是说"即"狄奥尼索斯如是说"。

那么，尼采为什么需要查拉图斯特拉这个形象呢？ 查拉图斯特拉对于酒神狄奥尼索斯来说到底意味着什么？

如上文所述，狄奥尼索斯欢笑不但对人的精神有所要求，它还对人的身体有所要求。然而，狄奥尼索斯作为神祇却是不朽的。他的多次死亡和重生就证明了他的不朽。因此，他只拥有身体的概念，却并不拥有身体的血肉，或者说并不拥有身体的有限性。对于狄奥尼索斯而言，身体是一个普遍性概念，而不是一个特殊性概念。这也就是说，狄奥尼索斯有身体，但却没有这一个身体。

然而，对于晚期尼采来说，身体必须是特殊的。身体必须就是这一个活生生的身体，而不应该是其他的任意身体。尼采晚期首先希望改变的就是传统哲学对于这个特殊的血肉之躯的漠视。因此，他必须要对狄奥尼索斯这个神话形象做出调整。狄奥尼索斯必须人格化。而查拉图斯特拉就是尼采为酒神狄奥尼索斯寻找到的肉身。查拉图斯特拉是唯一的、特殊的，他能够借助"永恒轮回"来实现自己的普遍性，即实现一种永恒的特殊性。

查拉图斯特拉(狄奥尼索斯)"不憧憬未来，也不留恋过往"。⑤ 他单纯地啜饮着当下的快乐。在《不合时宜的沉思》中，尼采就曾描述过这种当下的快乐：

---

① 尼采：《自高山上》，载《尼采诗集》，第75页。
② KSA1, S. 22.
③ ［德］维布莱希特·里斯(Wiebrecht Ries)：《尼采》，王彤译，中国人民大学出版社2010年版，第74页。里斯这里借用的是德国哲学家考尔巴赫(Friedrich Kaulbach)的观点。
④ KSA6, S. 338 - 339.
⑤ KSA6, S. 385.

看一看吃草经过你身旁的畜群：它们并不晓得什么是昨天，什么是今天，它们四处蹦跳着，吃，休息，消化，再接着蹦跳，就这样从早到晚，日复一日，与它们自身的乐趣和无趣亲密无间，这也就是说，它们被拴系在瞬间的木桩上，因此既不会忧郁，也不会厌倦。①

尼采后来提出的"回归自然"，并不是说要简单地回到动物状态中去，而是说想借助"回归自然"来肯定当下世界的美好。对于超人来说，憧憬未来（如基督教的末日审判）和留恋过去（如浪漫主义的伤感怀旧）都会使人忘却当下世界的美好，因而，在面对这两样东西时，有必要提高警惕，保持清醒。

综上所述，狄奥尼索斯在早期尼采那里代表着一种原始的艺术冲动或艺术本能；然而到了晚期，狄奥尼索斯却人格化为查拉图斯特拉。通过查拉图斯特拉，尼采明确了他的反基督教立场，进而构想了人类文明的未来前景。

新宗教的确立：狄奥尼索斯反对基督

在《瞧，这个人》的结尾处，尼采宣称：狄奥尼索斯反对被钉十字架者。② 尼采认为，古希腊的狄奥尼索斯秘仪是一种与性相关的神秘仪式。希腊人通过这种神秘仪式，赋予交配和生殖以神圣性。因为只有通过交配和生殖，生命才能得以延续和保全。

在狄奥尼索斯的秘仪里，"产妇的呻吟"声让痛苦神圣化了。这呻吟声表明，所有的生成与成长，都取决于痛苦。③ 有生之物，只有经过欢快的交合与痛苦的生产洗礼之后，才能够获得生的资格。

然而对于尼采所理解的基督徒来说，交合与分娩却是肮脏的。交合的快乐是一种罪，分娩的痛苦则是一种罚。沉醉于肉体上的快乐会加深人的

---

① KSA1, S. 248. 有学者认为，尼采这段话源自意大利诗人 Giacomo Leopardi（1798－1837）的诗。参见 Otto Friedrich Bollnow, "Nietzsche und Leopardi", *Zeitschrift für Philosophische Forschung*, 26 Jg. 1972, S. 66－69.

② KSA6, S. 374.

③ KSA6, S. 159.

罪孽,让人离救赎的希望越来越远。尼采认为,基督徒对待交配与生殖的态度,表明了基督教从根子上有一种"针对生命的怨恨",正是基于这种怨恨,基督教才会"把性当作某种不纯洁的东西:它把污秽之物泼洒到开端之上,亦即泼洒到我们生命的前提之上……"①

尼采说,基督徒试图"依据罪来诠释自己的苦难和不幸",②并且希望通过禁欲来解决这种苦难和不幸。然而禁欲却使他们的生命陷入了病态之中。基督教让人沦落为病态的动物。在禁欲过程当中,"痛苦本身不再是人的问题",相反,"为什么要痛苦"才是人必须要直面的问题。③

禁欲主义用上帝和原罪回答了人为什么要痛苦,解决了痛苦的无意义。让人的痛苦在禁欲中获得意义,这是禁欲主义的最大价值。因为,对于身如柳絮、命似浮萍的人来说,"随便一个意义总比没有任何意义要好"。④ 于是,人类似乎就通过禁欲获得了拯救,他们似乎可以借此一举填补生命的虚空。

然而,在基督教的禁欲文化当中,人本身并不是目的,上帝才是目的。上帝是人与世界之所以存在的意义与保障。因此,上帝的死亡就意味着意义与保障的消失。上帝死亡之后,虚无主义大行其道。虚无主义在尼采那里是"最高价值的自行贬黜"。⑤ 所谓最高价值的自行贬黜,就是说最高价值失去了其所应有的价值规范力。与此相应,生命也失去了存在的目的和意义。任何信仰都不过是自我欺骗,任何"求真信念"都必定会与谬误相连。一切皆虚无。

在尼采看来,如果说苏格拉底的出现标志着人类灵魂病态化的开始,那么,基督教的出现则意味着人类的病态文化发展到了顶峰。"基督教是人类永恒的污点"。⑥ 基督教借上帝之名构想出了一个有罪的世界,按卡尔·洛

---

① KSA6, S. 160.
② [德]洛维特:《从黑格尔到尼采》,李秋零译,生活·读书·新知三联书店 2006 年版,第493 页。
③ KSA5, S. 411.
④ KSA5, S. 411.
⑤ [德]尼采:《权力意志——重估一切价值的尝试》,张念东、凌素心译,商务印书馆 1998 年版,第 280 页。
⑥ KSA6, S. 253.

维特(Karl Löwith)的说法,尼采则试图借狄奥尼索斯之名构想出一个有病的世界。生命丧失健康,有病的原因在于苏格拉底的理性乐观主义和基督教的救赎谎言。当理性主义发展到瓶颈,救赎谎言不能够自圆其说时,人就面临选择:要么继续沉沦,当谎言的奴隶;要么超人,热爱自己的命运。

洛维特认为,尼采晚期对于基督教道德及文化的批判表明了他并没有超越基督教。尼采只不过是寻找到了一种"极其明显的宗教替代品"罢了。① 洛维特的这种看法无疑是正确的。尼采寻找到的宗教替代品就是狄奥尼索斯精神,或者说狄奥尼索斯教。

那么,尼采是不是始终如一地在贯彻狄奥尼索斯反对基督的立场呢?或者说,尼采借狄奥尼索斯来反对基督,是不是在其早期著述中就已经明确地表现出来了呢?

虽然尼采早在 1869 年冬至 1870 年春的手稿里,就已经将"基督教作为一种道德的民主政治"来思考和批判。② 但是,没有任何确切证据可以表明,尼采早期试图把狄奥尼索斯看成是一个与基督相对立的形象。恰恰相反,在神话传说中,酒神狄奥尼索斯与耶稣基督之间还存有着一种隐秘的关联。比如说,他们都有过死亡与重生的经历,他们都与葡萄酒有关,他们都曾经被称为"陌生人"和"将来之神"。正是因为这样的关联,狄奥尼索斯在早期尼采笔下,也与耶稣一样,有着救世和末日审判的权能。例如在《悲剧的诞生》第 20 节,尼采提到,只要信狄奥尼索斯,成为悲剧式的人物,就必定能得救。③ 在第 19 节,尼采说道:

> 今日我们所谓的一切文化、教养、文明,有朝一日必将会出现在狄奥尼索斯面前,接受这位可靠法官的审判。④

虽然在《悲剧的诞生》里,狄奥尼索斯与基督之间存在着暧昧的关联,但不可否认,他们也确实在内涵上大有不同。狄奥尼索斯本质上是非道德的,

---

① ［德］洛维特:《从黑格尔到尼采》,李秋零译,生活·读书·新知三联书店 2006 年版,第499 页。
② KSA7, S. 45.
③ KSA1, S. 132.
④ KSA1, S. 128.

而基督则相反。早期酒神节庆的核心不过是"癫狂的性放纵"，它挑战了每一个家庭的安稳以及与之相关的庄严规矩。抛开艺术化的狄奥尼索斯与道德化的基督之间的区别不论，在早期尼采那里，狄奥尼索斯还代表着一种远古的神话经验。相对于这种远古的神话经验，基督教显得十分苍白。因为神话的功用在基督教那里已经全然"瘫痪了"。①

总之，尼采在《悲剧的诞生》中借用狄奥尼索斯这个形象，目的是想唤醒人们对于远古神话的重视。只有将远古神话的功能在当下激活，人类的文化和艺术才会有前景和希望。然而到了晚期，尼采却试图以查拉图斯特拉为核心，构建一个信仰狄奥尼索斯的新的宗教。这个宗教的信徒就是超人。当超人盛行于世之际，自然也就是基督教被彻底抛弃之时。

狄奥尼索斯贯穿了尼采的整个哲学思想，它几乎与尼采所有重要的哲学概念相关，比如自然、永恒轮回、权力意志、超人，等等。这意味着，研究尼采的狄奥尼索斯，其实就是研究尼采的整个哲学体系。

狄奥尼索斯这个形象在尼采早期与晚期著述中表现出不同的内涵。早期尼采借助原始的狄奥尼索斯和文明的狄奥尼索斯来区分大自然的原始艺术和希腊人的文明艺术，并进而指出艺术本体论与艺术生成论之间的区别。因此，与其说尼采早期的思想是形而上学的，不如说他的思想是"为艺术而艺术"的。然而，到了晚期，尼采却试图将狄奥尼索斯人格化。狄奥尼索斯的人格化形象即查拉图斯特拉。借助查拉图斯特拉，尼采提出了他晚期的两大哲学任务："价值重估"和"未来哲学"（"超人哲学"）。

此外，尼采早期借助狄奥尼索斯这个形象是想唤醒人们对于远古神话的重视。他认为，只有将远古神话的功能在当下激活，艺术和文化才有前景和希望。然而，到了晚期尼采却试图借助查拉图斯特拉（狄奥尼索斯的化身）来构想一个能够取代基督教的新的宗教。

---

① KSA1, S. 117.

尼采巴塞尔时期的荷马研究

尼采在巴塞尔大学时期的荷马研究主要集中在 1869—1873 年。本文通过分析尼采在这一时期的相关手稿和作品,认为尼采试图在古希腊竞赛氛围的基础之上,思考荷马与赫西俄德的关系。同时,尼采又试图通过重估荷马问题,通过梳理荷马世界的出现与消亡,来把握古希腊文化的发展方向。

荷马与赫西俄德对立?

在尼采 1869 年冬至 1870 年春的手稿里,有这么一句话:"赫西俄德之于荷马,就如同苏格拉底之于悲剧。"①众所周知,在《悲剧的诞生》一书中,尼采将苏格拉底视为古希腊悲剧的终结者,是古希腊文化堕落的标志与象征。如果说,尼采在其早期手稿里将苏格拉底与悲剧对立起来还可以理解,但出于什么理由,他会把赫西俄德与荷马对立起来呢?在搞清楚这个问题之前,有必要先追溯一下那个广为流传的赫西俄德与荷马竞赛的传说。据古希腊无名氏的《荷马与赫西俄德之间的竞赛》记载,在荷马与赫西俄德之间曾经有过一场关乎诗艺的公开竞赛。竞赛一开始,赫西俄德就向荷马

---

① KSA7, S. 56.

发问：

　　荷马，墨雷斯之子，你拥有神赋予你的智慧，

　　请告诉我，对于人类，什么是最好的？

荷马回答：

　　不要出生，这是最好的；

　　一旦出生，越快踏进哈得斯的冥界大门越好。①

随后，赫西俄德吟诵了《工作与时日》里的部分诗句，而荷马则吟诵了《伊利亚特》里的部分诗句。最终，荷马凭借其高超的技艺和对宏大战争场面的掌控，征服了在场的希腊人。然而，国王却出人意料地将桂冠判给了赫西俄德，原因是，与歌颂英雄和战争的荷马相比，赫西俄德歌颂农作与和平，并试图用诗句教化民众，对城邦来说更为有益。

　　无名氏的这篇古文，尼采当然是非常熟悉的。因为他在莱比锡大学求学时，就曾经校勘过这篇文章。到了1869年秋，他还曾集中思考过"荷马作为竞赛者"②这样的主题，同时，他还计划在1870年做一场关于荷马与赫西俄德竞赛的报告。③ 1870年，尼采针对荷马与赫西俄德的竞赛，还写了一篇考据文章：《关于荷马与赫西俄德的佛罗伦萨论文，他们的谱系与他们的竞赛》第一部分以及第二部分，1872年又为这篇论文续写了第三到第五部分。在这篇考据论文中，尼采认为，以前的文法学家过多纠结于荷马与赫西俄德之间的竞赛到底真实还是不真实，而对于这场竞赛的形式，却从来没有进行过深入的分析研究。于是，尼采试图通过细致的形式上的分析，来考察这场竞赛，并最终推断得出，《荷马与赫西俄德之间的竞赛》一文极有可能源自古希腊的诡辩学家阿尔西达马斯(Alkidamas)的修辞学教学残篇。④

---

　　① ［古希腊］无名氏：《荷马与赫西俄德之间的竞赛》(Der Agon Zwischen Homer und Hesiod)，吴雅凌译为《荷马与赫西俄德之间的辩论》，载于《康德与启蒙——纪念康德逝世二百周年》("经典与解释"丛书，刘小枫、陈少明主编，华夏出版社2004年版，297页)。译文还参照吴雅凌的《神谱笺释》中"荷马与赫西俄德"章节，有稍许改动。

　　② KSA7, S. 16.

　　③ KSA7, S. 44.

　　④ Friedrich Nietzsche, "Der Florentinische Tractat über Homer und Hesiod", in *Rhetorica* (*Rheinisches Museum für Philologie*), 25, 1870; 28, 1873. 中译本见：［德］尼采：《荷马的竞赛》，上海人民出版社2018年版，第32—153页。

　　除了在文本的形式上对荷马与赫西俄德的竞赛进行考据以外,尼采还受到他巴塞尔大学同事布克哈特的影响。1872 年,尼采完成了《荷马的竞赛》一文,在这篇文章中,他试图通过竞赛来理解古希腊文化,并进而理解荷马在古希腊文化中的意义。在文章的一开始,尼采就反驳了将人性从自然中区分出来的惯常观点。在他的眼中,人性与自然是不可分割的,人性本来就应该是自然的;紧接着,他又依循着自然人性的视角,发现了希腊人身上一种与生俱来的"残酷的特征,一种老虎般的毁灭欲"①;然后,尼采又站在这一发现的基础之上开始追问,荷马那明朗而又柔和的面纱背后所掩盖的是什么? 究竟什么可以称得上是古希腊文化的母腹和根源? 为了解答这一追问,尼采求助于赫西俄德《工作与时日》里的诗句。他引用赫西俄德的唱词,解说道,这个世界上有两位不和女神,一位能鼓动大家相互争执,引发战争;另一位则会激励大家相互忌妒,主导竞赛。第一位不和女神是恶的,因为她时常会挑起纠纷,带领着人们走向战争,走向毁灭;而第二位不和女神却是善的,因为她时常会激发人们展开竞赛,引导他们得体而又正当地追求荣誉和财富。② 因此,尼采认为,好忌妒的希腊人并不会认为自己的忌妒心是一种缺陷,相反,他们将之视为遵从一位善意的不和女神的引导。基于这样的认识,尼采进一步断言,崇尚竞赛并且善于忌妒的希腊人,本着公平竞赛的精神,制定出了陶片放逐法(der Ostrakismos)。陶片放逐法是雅典政治家克里斯提尼(Cleisthenes)创立的一条法规,依据这条法规,雅典公民可以放逐任何一位威胁到城邦民主制的政治人物。不过在尼采看来,这条法规的原初本质是,对单一的杰出天才的防范。因为希腊人相信,在自然的秩序中,往往存在着许多位天才,而不是一位独一无二的杰出天才。为了防范某位杰出天才的独裁,希腊人觉得,有必要制造出第二个天才来。让天才们在竞赛中相互忌妒,相互激发,让智术师与智术师相遇,让艺术家去憎恨艺

---

　　①　KSA1, S. 783.

　　②　KSA1, S. 786 - 787.《工作与时日》,原文见[古希腊] 赫西俄德:《工作与时日》,张竹明、蒋平译,商务印书馆 1991 年版,第 1—2 页。

术家。① 所以，对希腊人来说，有必要有一场荷马与赫西俄德的诗艺竞赛，无论它在历史上存在或者不存在。

由此可见，尼采思考的重心，并不在于考订荷马与赫西俄德之间的竞赛是否真实，也不在于纠结，荷马赢得了希腊人的心，却没有赢来诗人的桂冠；相反，他思考的重心在于，为什么希腊人需要这么一场竞赛？而竞赛对于希腊文化来说，又到底意味着什么？

厘清了尼采思考的重心就明白了为什么尼采要把荷马与赫西俄德对立起来，并且将这组对立与苏格拉底和悲剧的对立并置于一起。因为，就像赫西俄德的出现，终结了荷马的英雄史诗传统一样；苏格拉底的横空出世，也终结了那奠基于阿波罗与狄奥尼索斯二元冲动之上的古希腊悲剧艺术。同时，赫西俄德与苏格拉底的出现还意味着，在古希腊城邦里，道德劝诫开始成为社会的主流，而竞赛文化则开始走向衰败，走向破落。当然，赫西俄德与荷马之间的关系比尼采早期所设想的要更为复杂。因为赫西俄德有可能出现于荷马之前，因此也有可能代表着一种比荷马更为原始的文化。这或许是尼采后来在《悲剧的诞生》一书中淡化荷马与赫西俄德的对立，转而强调苏格拉底与悲剧文化相对立的原因之一。

当然，就此时的尼采而言，要想深入地理解古希腊文化，首先需要面对的难题就是，如何认识荷马以及荷马作品的意义。

重估荷马问题

要想认识荷马以及荷马的作品，起初就得面对荷马问题（Homerische Frage）。而所谓的荷马问题，在尼采眼中，是古典语文学研究领域无法回避的一个重要问题。它主要围绕着《伊利亚特》和《奥德赛》的作者以及它们的创作时间展开。简言之，荷马问题就是要探讨：荷马是谁？他是一个人还是一个群体？他曾经生活在什么年代，出现于什么地方？《伊利亚特》和《奥

---

① KSA1，S. 787 - 789.

德赛》是由他创作出来的,还是由后人杜撰出来的?这两部史诗在叙事风格和结构上是完整统一的呢,还是迥然相异的?除此之外,还有更多的相关问题被延伸了出来。例如,《伊利亚特》和《奥德赛》这两部史诗在什么时期,被哪些文献学家整理加工过?这些文献学家的整理加工,究竟会为之掩盖或者增添些什么?在这两部史诗的字里行间,会不会留有不同游吟诗人在不同年代歌唱叙事的痕迹?等等。关于荷马问题的争论,尼采认为,至少可以溯源到亚里士多德时期。1869年,尼采在他的巴塞尔大学就职演讲《荷马与古典语文学》中,对荷马问题这一语文学研究传统做了简要的回顾性阐述。在这篇演讲中,尼采论述道,亚里士多德是荷马的拥趸,他竭力反驳之前所有对荷马以及荷马作品的质疑。所以,在亚里士多德的眼中,荷马是一位完美无瑕的艺术家。如果荷马的作品在结构或者风格上有什么问题,那并不是荷马本人的错,完全是因为代际之间的误传和篡改所造成的。①　相反,那些来自亚里山大城的荷马的批评者们(Chorizonten)则认为,荷马并非完美,《伊利亚特》和《奥德赛》极有可能出自不同的诗人之手。为了应对这样的批评,与这些批评者同时代的另外一些文法学家则将这两部史诗的结构以及风格上的不同归因于诗人写作年龄阶段的不同。例如,这些文法学家推测说,或许《伊利亚特》创作于荷马的中年,而《奥德赛》则创作于荷马的晚年。这样的话,就能解释为什么两部史诗在风格和结构上会有所不同了。

尼采认为,荷马问题的研究传统,归根结底不外于批评荷马与捍卫荷马两条路线之争。至于古典语文学研究者会选择哪一条路线,则涉及他个人的品位和德性。但是,如果仅仅依靠语文学家的个人品位和德性来发展语文学,那就只会让语文学变得越来越琐碎,只会让语文学的内部分化变得越来越严重。于是,当批评者在荷马史诗内部发现了创作思想上的前后不一和自我矛盾时。捍卫者就会立即将这种前后不一和自我矛盾归因于后来的

---

① Friedrich Nietzsche, *Frühe Schriften*, B. 5, Herausgegeben von Hans Joachim Mette und Karl Schlechta, München: Verlag C. H. Beck. 1994, S. 295. 中译本见:［德］尼采:《荷马的竞赛》,第11页。

歌唱者和编纂者;归因于那口口相传的游吟传统。荷马的捍卫者相信,在口口相传的游吟过程中,诗人们的表演往往是一次性的,不可复制的。荷马史诗正是通过这样的即兴表演才得以流传下来。但是,荷马史诗也正是在这样的即兴表演中,被不断地扭曲和篡改,并最终失去了创作之初的完美质地。①

到了 1795 年,德国古典学研究专家弗雷德里希·奥古斯特·沃尔夫(Friedrich August Wolf)登上了舞台。正是在这一年,沃尔夫出版了他的古典学研究名著《关于荷马的绪论》(Prolegomena ad Homerum)。在这本书中,沃尔夫针对荷马作品的起源以及荷马是不是《伊利亚特》和《奥德赛》的唯一作者提出了尖锐的质疑与批评。沃尔夫的这本书在德国古典主义时期的影响非常大。德国文豪歌德,也曾经是沃尔夫观点的信奉者。不过,没过多久,歌德就转而投奔了捍卫荷马一族,跟那位曾经志同道合的思想伙伴分道扬镳了。其后,歌德还写了一首小诗《荷马,又是荷马》,来宣告自己的立场,来表达自己对沃尔夫之流的态度:

> 你们如此机敏,如你们所是,
> 让我们摆脱了所有的崇拜,
> 我们坦承极端自由。
> 《伊利亚特》不过是拼凑之物,
>
> 但愿我们的背叛不会伤害任何人,
> 青春激情燃烧,
> 我们宁愿将荷马作为一个整体去思考,
> 作为一个完整的欢悦去感受。②

尼采在他的演讲《荷马与古典语文学》中也引用了歌德的这首小诗,其

---

① Friedrich Nietzsche, *Frühe Schriften*, B. 5, S. 291-292. 中译本见: [德] 尼采:《荷马的竞赛》,第 9—10 页。

② 歌德:《荷马,又是荷马》(*Homer wieder Homer*),收录于歌德作品集(Sämtliche Werke)第 13 卷第 1 部分(Bd. 13. 1),Münchner Ausgabe,1992 年,第 179 页。

目的就是为了批判德国古典语文学界滋长起来的文献实证主义。尼采认为，文献实证主义的滥觞，在于沃尔夫。像沃尔夫那样喜欢文献实证的语文学家，常常会装扮出一副纯科学的派头，来掩盖自己艺术能力和艺术感受的缺失。在他们的骨子里，时常会活跃起一股否定偶像、否定传统的冲动。当他们骨子里的这股冲动在语文学界蔓延开来，并发展成为一种时髦和时尚时，古典语文学就会变得问题重重，从而也就会变得一无是处。尼采断言，正是这样一种否定偶像、否定传统的趋势，使得语文学家在现实面前无所作为。因为语文学家作为古典之友，现在却以否定和毁坏古典为乐，这一定程度上会助长知识圈里自我崇拜的劣习；同时，也会助长那些所谓的当代英雄的气焰，鼓励他们装模作样地在社会上呼风唤雨，以废话连篇的方式层出不穷。

对比沃尔夫，尼采当然会更倾向于认同歌德的观点。也就是说，尼采更倾向于赞同把荷马当作一个整体去思考，当作一个整体去感受。但是，这并不意味着，尼采想成为一个简单的荷马捍卫者。在尼采的眼中，无论从批评的角度，还是从捍卫的角度，探究荷马问题都是徒劳的。因为，没有一方能够真正地说服另一方。相反，这只会让一位古典语文学家去敌视另一位古典语文学家，让古典语文学界的内部纠纷千秋万世地持续下去。

为了彻底了结语文学界的这种内部纠纷，尼采认为，首先应该将荷马看成一个名号。作为一个名号，荷马并不必然与一个人或者一群人有关。因为，就目前的考据而言，唯一能够确认的是，荷马这个名号与英雄史诗之间的关系。也就是说，荷马这个名号最初就是与英雄史诗相关联的。而英雄史诗，当然不会只有《伊利亚特》和《奥德赛》两部。所以说，要解决荷马问题，关键就是要解决荷马的人格问题（die Persönlichkeit Homers），而要解决荷马的人格问题，关键就是要将荷马正确地理解为英雄史诗之父，要从英雄史诗这样的题材上去认识荷马，而不要无休止地争论荷马是不是一个个体诗人，能不能被尊称为《伊利亚特》和《奥德赛》的作者。尼采认为，荷马这个名号，自一出现就是一个题材概念。而古典语文学将荷马这样一个与英雄史诗有关的题材概念演化成为讨论荷马是不是《伊利亚特》和《奥德赛》的史诗作者这样一种美学判断，是古典语文学在荷马问题研究上的一种偏离。①

如果纯粹从英雄或者战争的角度来理解荷马，以及那些与荷马相关联的作品，那么就会发现一个明朗而又讨人喜欢的世界。这个世界被荷马那天才般制造出来的艺术幻觉所笼罩。但是，假如撕开那块荷马所编织出的温馨且迷人的艺术面纱，呈现在人们面前的却是希腊人本性中的残暴和赤裸裸的毁灭欲。在《荷马的竞赛》一文中，尼采区分了荷马的世界（die homerische Welt）与前荷马世界（die vorhomerische Welt）。② 与荷马的世界相反，前荷马世界是一个不断争斗的，血腥并且残暴的世界。它带来的永远是黑暗和恐惧，是与生俱来的对生存的深深厌倦。荷马的出现改变了这一切。在荷马这个名号之下，一个前所未有的明朗的世界呈现了出来。1872 年初，尼采出版了他的《悲剧的诞生》一书。在这本书中，尼采借用日神阿波罗元素（das Apollinische），对荷马的世界进行了深入的分析和探究。显然，此时的尼采已经十分清楚，要想了解古希腊文化的发展方向，梳理并且认识荷马世界的价值是必不可少的一个环节。

荷马世界的出现与消亡

在《悲剧的诞生》一书中，尼采转述了一个传说，佛吕吉亚国王弥达斯（Midas）在森林里捕捉到了酒神的伴护森林之神西勒尼（Silen），并强迫他回答"对于人类来说，绝佳至美的东西是什么"。西勒尼尖笑着回答道，对你们而言，绝佳至美的东西就是"不要出生，不要存在，成为虚无"，而次等佳美的东西就是"赶快死掉"。③

这里国王弥达斯与酒神伴护西勒尼的对话，跟荷马与赫西俄德竞赛一

①　Friedrich Nietzsche, *Frühe Schriften*, B. 5, S. 300 - 303. 中译本见：［德］尼采：《荷马的竞赛》，第 17—19 页。
②　KSA1, S. 784 - 785. 中译本见：［德］尼采：《荷马的竞赛》，第 156 页。
③　KSA1, S. 35.

开始两位诗人的问答一样,都在向世人传达一种相似的民间智慧,即生命就是虚无,死亡就是解脱。

尼采认为,这种对生命无常的理解和对生存的深深厌倦,在前荷马世界里就已经开始折磨人类的灵魂了。它也一定程度上促使了当时的人们以毁坏、杀戮为乐。与他们的毁坏、杀戮相对应,就出现了一个恐怖的原始提坦神秩序(der ursprünglichen titanischen Götterordnung des Schreckens)。尼采将生活于这一秩序中的人称为狄奥尼索斯式的野蛮人(die dionysischen Barbaren)。这些狄奥尼索斯式的野蛮人放任自己,令自己被心中的毁灭欲所主宰,从而陷入无休止的争斗、残杀和破坏之中。面对着这样一个原初的恐怖秩序,希腊人却天才般地构建起一个欢快的奥林匹斯山诸神秩序(die olympische Götterordnung der Freude)。正是在这一欢快秩序中,诞生了与狄奥尼索斯式的野蛮人有所不同的狄奥尼索斯式的希腊人(die dionysischen Griechen)。① 这些狄奥尼索斯式的希腊人的出现,就意味着古希腊人彻底脱离了原始层级,转而步入了文明。

尼采认为,区分狄奥尼索斯式的野蛮人与狄奥尼索斯式的希腊人的关键,就在于欢快的奥林匹斯山诸神秩序的确立。而这一欢快秩序的确立则与荷马的世界息息相关。因为这两者都是依靠阿波罗的美的冲动(der apollinische Schönheitstrieb)才得以自我实现和自我完成的。

所谓的阿波罗的美的冲动,在尼采笔下,是与狄奥尼索斯冲动相对而言的。在《悲剧的诞生》一书中,尼采借用日神阿罗波和酒神狄奥尼索斯来代表两类根源于大自然的艺术冲动。因为这两类艺术冲动是自然的,所以,就其本质而言,它们并"不需要人类艺术家那样的中介"来表现自己。② 阿波罗代表着梦幻、表象和虚假的美好;而狄奥尼索斯,则代表着酒醉、迷狂和本真的激情。在古希腊城邦中,与狄奥尼索斯冲动相对应的是上文提到的狄奥尼索斯式的希腊人;而与阿波罗冲动相对应的,则是做梦的希腊人(die träumenden Griechen)。做梦的希腊人,尼采又将之称为众荷马(Homere);

---

① KSA1, S. 31, S. 36.

② KSA1, S. 30.

与此同时，尼采又将荷马也称为是"一个做梦的希腊人"。① 由此可见，在尼采的眼中，荷马这个名号，与做梦的希腊人在内涵上是等同的。那么，尼采究竟是依据什么才得出了这样的结论？ 他到底凭借什么才会认为，荷马就其本质而言，注定与梦幻相关？ 要解答这个问题，就有必要去重新审视林神西勒尼教唆人去死的智慧。很显然，对西勒尼而言，人类的生命并不值得一过，死亡才是最好的解脱。但是，荷马却翻转了这教人厌世的林神智慧，让生命变得美妙且富有价值。尼采认为，在荷马的世界中，那些战场上的英雄的真正悲痛，并不在于生，而在于死，在于突然间的离世而亡。对于荷马式的人物而言，"糟糕透顶的事情就是突然间死亡，而次等糟糕的事情则是，早晚要死亡"。②

毋庸置疑，在尼采的眼中，荷马最为重要的功绩就是，抑制了人类的死亡冲动，让他们觉得生命值得一过。也就是说，正是因为荷马的出现，才使得古希腊人懂得去克制自己骨子里的毁灭欲，用求生来代替求死，进而在日常生活中去追求荣誉，追求高贵。因此，可以肯定地说，在荷马的世界中，战争、杀戮和毁灭，从来就不是目的；相反，活着，并且能更好地活下去，才是目的。也正是因为如此，荷马才在他的史诗《奥德赛》中，让英雄奥德修斯（Odysseus）跟另一位已阵亡英雄阿喀琉斯（Achilleus）的鬼魂在地府相逢。而阿喀琉斯的鬼魂也才会当着奥德修斯的面，说出以下这番话：

> 光荣的奥德修斯，我已经死了，你又何必安慰我呢？ 我宁愿活在世上作人家的奴隶，侍候一个没有多少财产的主人，那样也比统率所有已死的魂灵要好。③

荷马让好生恶死从一位英雄口中说出。而这位英雄又不是别人，恰恰是那位昔日在特洛伊战场上最为耀眼的英雄：阿喀琉斯。他现在却甘愿用他一生的荣耀和尊严去换得一个能够在世上苟延残喘的机会。这是何等的震撼人心。

---

① KSA1, S. 31.
② KSA1, S. 36.
③ ［古希腊］荷马：《奥德修纪》，杨宪益译，上海译文出版社 1979 年版，第 144 页。

可以看出,这里的荷马与竞赛诗艺时的荷马,在对待生命的态度上是截然不同的。显然,此时的尼采已经认识到,再从荷马与赫西俄德对立的角度来认识古希腊文化是没有出路的。因为,在荷马与赫西俄德这两个名号之下涵盖了大量矛盾且又无法考证的文献材料。所以说,要想理解荷马,唯一的出路就是,将荷马这个名号与荷马世界之间画上等号。而英雄史诗《伊利亚特》和《奥德赛》就是荷马世界确立的标志。

尼采认为,在荷马世界中,无处不散发着荷马的素朴与天真。当然,最能传达这份素朴与天真的就是荷马劝导世人好生恶死的苦心。尼采将荷马的这份素朴性工作,称为是"阿波罗幻相的彻底胜利"。[1] 这也就是说,在尼采眼中,荷马史诗的出现和定型,不但意味着恐怖的提坦神秩序的崩塌,同时也意味着前荷马时代的终结。

不可否认,荷马的世界是明朗欢快的。它以一种梦幻的、虚假的方式,让人好生恶死。在这个世界里,人们不需要去探究世界的本质,也不需要去追问万物的根源,相反,只需要去好好把握眼前这个以空间和时间的形式呈现出来的世界就足够了。不过,如果要想得体地跟眼前这个世界打交道,依据荷马的看法,那就有必要去遵循一条法则,即对荣誉的向往和对高贵举止的爱慕。

尼采认为,虽然在荷马的世界中,阿波罗元素(das Apollinische)能够施光亮赋万物以形,布威严令万物有序,起梦幻让世人留恋此生。但是,对于生性敏感,却又不甘愿终日生活于梦中的希腊人而言,留恋此生并不代表就能永保此生。在死亡之苦如影随形的纠缠之下,希腊人不得不向狄奥尼索斯的迷醉狂欢求助。于是,在狄奥尼索斯的迷醉狂欢中,阿波罗冲动所构建出的快乐秩序的崩溃,或者说,阿波罗式的梦幻的崩溃,就彰显为一种艺术现象。[2] 而这一艺术现象的结晶,就是希腊悲剧。虽然,希腊悲剧在本质上是狄奥尼索斯艺术,但是,在这一艺术形式中,"无论是阿波罗的艺术意图还

---

[1] KSA1, S. 37.
[2] KSA1, S. 33.

是狄奥尼索斯的艺术意图,都得到了极致的发挥"。① 所以,悲剧世界虽然与荷马世界有所不同,但它并不必然就是荷马世界的对立面。悲剧,在阿波罗的梦幻与狄奥尼索斯的迷醉二元冲突之中完成了与荷马相类似的工作,即肯定生命。所以,荷马史诗与希腊悲剧在古希腊艺术中是一体两面的,它们都出现在欢快的奥林匹斯山诸神秩序之下,并且都代表了各自领域的最高成就。两者唯一的不同在于,荷马史诗给这个世界施以梦幻,用假象来劝导世人求生;而悲剧却习惯于撕破这梦幻,让命运的本质裸露出来,给人以震撼,让世人在精神上感受到狂醉的力量,从而体验到生命的本质。

在尼采的眼中,苏格拉底才是荷马世界与悲剧世界的反面。苏格拉底是受到希腊竞赛文化熏陶过的。他曾经"以挑衅之势走遍雅典,造访那些最为伟大的政治家、演说家、诗人和艺术家,却到处都遇上知识的自负与傲慢"。② 苏格拉底发现,雅典城内缺少真知,充满了幻相。于是,他要通过理性来终结那在雅典城邦中流行的意见与意见之间,或者说幻相与幻相之间的文化竞赛。尼采认为,苏格拉底代表了"一种前所未有的此在方式的典型,即理论家的典型"。③ 他与希腊本质是如此的格格不入。在尼采看来,希腊的本质,主要是体现在荷马以及悲剧作家埃斯库罗斯等人身上的。④但是,苏格拉底,这位用理性积极求知的古希腊哲人,他自己的身上并没有多少艺术细胞,他理解不了荷马,就像他理解不了音乐悲剧一样。所以,苏格拉底通过他的理性乐观主义,在荷马的表象世界与悲剧的意志世界之外构建起了一个概念世界。而这个概念世界,在本质上是反生命的,它不但抛弃了世界的表象,而且还抛弃了世界的本质。苏格拉底概念世界的确立,也就意味着,希腊人跟荷马世界和悲剧世界说了再见。

---

① KSA1, S. 150. 中译本参见:[德]尼采:《悲剧的诞生》,孙周兴译,商务印书馆 2012 年版,第 171 页。
② KSA1, S. 89.
③ KSA1, S. 98.
④ KSA1, S. 90.

尼采巴塞尔时期的酒神崇拜研究

尼采早期的研究重点从阿波罗逐渐过渡到狄奥尼索斯。阿波罗是希腊本土神,而狄奥尼索斯则是陌生的外来神。狄奥尼索斯与阿波罗相遇,标志着人类历史上一次惨烈的文化冲突。在这场冲突中,阿波罗文化与狄奥尼索斯文化相互妥协、融合,令希腊人的生活方式发生改变,并最终促使其审美趣味得到提升。

从阿波罗到狄奥尼索斯

在 1869 年冬—1870 年春的手稿里,尼采曾宣称自己要研究酒神崇拜(Bacchuskult)。① 但所谓的酒神崇拜研究计划,不过是其庞大的古典学研究计划中的一部分。这一计划还包括荷马问题、赫西俄德问题、苏格拉底与悲剧问题、音乐与文化问题、基督教作为道德民主政治问题以及柏拉图问题等。② 可见,尼采对狄奥尼索斯尚未表现出特别的重视。相反,他对阿波罗却青睐有加。譬如,在同期手稿中,尼采宣称,自己要研究阿波罗精神是如何发展成为一种教义和规范的。③ 显然,他把阿波罗,而不是狄奥尼索斯,

① KSA7, S. 45.
② KSA7, S. 45.
③ KSA7, S. 56.

看作理解希腊文化的关键。

　　在研究阿波罗的过程中,尼采逐渐意识到了狄奥尼索斯的重要性。1870年1月18日,他在巴塞尔博物馆做了一场演讲,题目是"古希腊音乐剧"。① 在这场演讲中,他认为,古希腊音乐剧是从礼赞酒神的庆典(Dionysien)里诞生出来的,而酒神庆典则源自人的"春日冲动"(Frühlingstrieb)。被此冲动支配的人常常会成群结队地载歌载舞,从一个城市跑到另一个城市,就像在散播"民间瘟疫"一样。② 歌舞所到之处,无人不被感染。现代戏剧艺术与古希腊音乐剧的不同之处在于,现代戏剧艺术并非从酒神庆典里诞生出来。这对现代戏剧艺术而言是种不幸。③ 在这场演讲中尼采把酒神合唱队看作希腊悲剧的原始形式,而将酒神狄奥尼索斯看作悲剧英雄的原型。狄奥尼索斯成为理解古希腊音乐剧和古希腊文化的一个重要元素。

　　但在随后的《狄奥尼索斯的世界观》一文里,尼采却没有把狄奥尼索斯放到跟阿波罗对等的位置。他认为,希腊文化是一种阿波罗文化。狄奥尼索斯入侵希腊以后被阿波罗"以强有力的手段成功压制"。④ "阿波罗民族给这种极其强大的本能铐上了美的锁链:他们束缚住了大自然最危险的元素,从而将最厉害的野兽制服于轭下。"⑤希腊的酒神崇拜是被阿波罗的神威驯服过的。正因有了阿波罗,狄奥尼索斯才幸运地被希腊人"从亚洲支离破碎的根源里拯救出来"。⑥ 也就是说,面对外来文化(狄奥尼索斯崇拜)的冲击,是阿波罗精神拯救了希腊文明。唯有经过阿波罗精神的洗礼,粗野的狄奥尼索斯崇拜才能够上升到艺术层次。

　　可见,尼采此时的思想并未脱离温克尔曼所确立的审美规范。温克尔曼在《关于在绘画和雕刻中摹仿希腊作品的一些意见》一文中把希腊艺术的

---

① KSA15, S. 19.
② KSA1, S. 521.
③ KSA1, S. 521.
④ KSA1, S. 556.
⑤ KSA1, S. 558. 中译本:[德]尼采:《狄俄尼索斯颂歌》,孟明译,华东师范大学出版社2013年版,第339页。
⑥ KSA1, S. 559. 中译本:[德]尼采:《狄俄尼索斯颂歌》,孟明译,华东师范大学出版社2013年版,第340页。

美总结为"高贵的单纯和静穆的伟大"(edle Einfalt und stille Größe)。① 希腊艺术周身散发着一种理性光彩,因此,需要欣赏者用一种理性直观去认识和把握。尽管尼采在《狄奥尼索斯的世界观》一文中认识到古希腊音乐剧的本质是一种酒神式的非理性直觉,一定程度上突破了温克尔曼的美学观,但他还是认为,这种非理性直觉是需要被理性直觉约束和规范的。狄奥尼索斯开创出来的艺术世界虽然奇妙且具有诱惑力,但在面对阿波罗主宰的希腊文明(apollinische Hellenenthum)时,也不得不卷入一场异常艰辛的、"惊心动魄的战斗"。②

　　然而,在《悲剧的诞生》一书里尼采却对如上观点做了适度调整。他认为,因为狄奥尼索斯的强大进攻,阿波罗的短暂溃败,或者说个体化原理(principii individuationis)的崩溃,就表现为一种艺术现象。③ 酒神狄奥尼索斯让阿波罗文化的"溃败"以一种艺术的方式表现出来。换言之,是狄奥尼索斯精神将庄严理性的阿波罗文明提升到艺术层次,而不是相反。

　　那么,为什么尼采会做出这样的调整和转变呢? 这是因为在《悲剧的诞生》中,虽然尼采保留了狄奥尼索斯与阿波罗的二元阐释框架,但他却发现,它们是两种根植于自然的艺术冲动,并非哪个民族所特有。因而,不能断定狄奥尼索斯崇拜是全然外来的东西。狄奥尼索斯崇拜源自人身上的一种酒神激情(dionysischen Regungen),④这种激情通常会在春天得以复苏。没有任何证据可以表明希腊人身上缺乏这种激情。希腊人不过是借阿波罗冲动,将原初野蛮暴虐的酒神冲动强行压制住罢了。而当狄奥尼索斯崇拜漂洋过海传入希腊时,希腊人身上的酒神激情就被重新激活了。自此以后,希腊人就生活在阿波罗冲动与狄奥尼索斯冲动的二元争斗中,变得敏感且富有艺术气质。阿波罗冲动与狄奥尼索斯冲动此消彼长,促使希腊人创造出了从史诗到悲剧、从雕塑到音乐等诸多门类的伟大艺术。

----

① ［德］温克尔曼:《论古代艺术》,邵大箴译,中国人民大学出版社 1989 年版,第 41 页。
② KSA1, S. 577. 中译本:［德］尼采:《狄俄尼索斯颂歌》,孟明译,华东师范大学出版社 2013 年版,第 360 页。
③ KSA1, S. 33.
④ KSA1, S. 29.

后来，尼采还将他对狄奥尼索斯的发现视作《悲剧的诞生》的两大创见之一。① 1886 年，他在《悲剧的诞生》重版序言《自我批判的尝试》中说，"只要我们回答不了'什么是狄奥尼索斯元素（dionysisch）'这个问题，希腊人就会一如既往的，全然无法被认知和想象"。② 可见，从《悲剧的诞生》开始，尼采就意识到，要理解希腊文化，就必须弄清楚酒神狄奥尼索斯，而要想弄清楚酒神狄奥尼索斯，首先就得了解这个形象在古希腊神话里究竟是个什么样子。

神话中的狄奥尼索斯

在希腊神话里，狄奥尼索斯是酒神、葡萄神和快活神。据说他是天父宙斯跟底比斯国王之女塞墨勒（Semele）偷情而来的私生子。荷马在史诗《伊利亚特》中赞同了这一说法。③ 而赫西俄德也在《神谱》中说，狄奥尼索斯是"卡德摩斯之女塞墨勒与宙斯恋爱结合"后生下来的一个快乐儿子。④ 据说宙斯的原配，天后赫拉在得知塞墨勒怀孕以后，极为嫉恨，于是就乔装打扮了一番，跑下凡界，想要亲自会一会情敌。见到塞墨勒以后，赫拉利用情人之间的猜忌心，挑拨说，如果是真爱，那么，那位叫宙斯的家伙为什么不以他的原形示好于你呢？于是受到赫拉蛊惑的塞墨勒就跑去纠缠宙斯，要求他在自己面前现一现原形，来证明对自己的爱是真爱。宙斯无奈照做了。结果，塞墨勒就被情人的闪电击中，死了。宙斯在塞墨勒化为灰烬的瞬间，将狄奥尼索斯从她的腹中救出，缝进自己的大腿里，继续孕育了三个月，方才将其诞生出来。⑤ 因此，在公元前 7 世纪出现的《荷马颂歌》(*the Homeric*

---

① KSA6，S. 310. 尼采所谓的两种创见是：希腊人生活中的狄奥尼索斯现象和对苏格拉底主义的理解，即将苏格拉底视作一种颓废（décadent）的典型。

② KSA1，S. 15.

③ ［古希腊］荷马：《伊利亚特》，罗念生译，《罗念生全集》（第 5 卷），上海人民出版社 2004 年版，第 356 页："塞默勒生了人类的欢乐狄奥倪索斯。"

④ ［古希腊］赫西俄德：《神谱》，张竹明、蒋平译，《工作与时日，神谱》，商务印书馆 1997 年版，第 54 页。

⑤ ［古希腊］欧里庇德斯：《酒神的伴侣》，罗念生译，《罗念生全集》（第 3 卷），上海人民出版社 2007 年版，第 357—359 页。在《酒神的伴侣》中，狄奥尼索斯说过，因为赫拉的迫害，母亲塞墨勒被宙斯的闪电击中。亦可参见吴雅凌编译：《俄耳甫斯教祷歌》，华东师范大学出版社 2006 年版，第 62 页。

Hymns）里，狄奥尼索斯被多次称呼为"缝进宙斯大腿的神"（The insewn god）。① 因为曾经在天父的大腿里孕育过，狄奥尼索斯就成了奥林匹斯山上唯一一位神人结合后产生出来的神。

不过依据俄耳甫斯（Orpheus）秘仪教派的说法，狄奥尼索斯却是宙斯和他的女儿珀尔塞福涅（Persephone）②乱伦生出来的。起初他的名字叫作查格留斯（Zagreus）。宙斯十分溺爱这个儿子。天后赫拉出于嫉妒就想要杀掉他。宙斯为了保护儿子，先把他变成山羊，后来又把他变成公牛。③ 虽然如此，赫拉派出的提坦神还是乘查格留斯玩耍之际抓到了他，并且残忍地将他撕成了七块，放进三足鼎中进行烹煮。宙斯赶到后，极其愤怒，就用闪电将提坦神烧成了灰烬。④ 随后，宙斯将查格留斯的残骸交给了阿波罗，而阿波罗则将这些残骸埋葬在自己所主管的德尔菲神庙内。正是在德尔菲神庙中，狄奥尼索斯得以复活，并且开始了新生。尼采在《狄奥尼索斯的世界观》一文里也提到，是"阿波罗将被撕碎的狄奥尼索斯重新拼合完好"的。⑤ 此外，还有一种说法是雅典娜从三足鼎里及时地挽救出了查格留斯的心脏，并将它转交给了宙斯，宙斯后来将爱子的这颗心脏送给情人塞默勒食用，塞默勒食用后怀孕，于是，查格留斯得以重生。重生后的查格留斯改名为狄奥尼索斯。⑥ 后来，狄奥尼索斯经历了种种磨难，终于获得了诸神的承认，成为奥林匹斯山十二位主神之一。

不论哪个神话版本，可以确定的是，在狄奥尼索斯身上，发生过死亡而

---

① Homer. *The Homeric Hymns*, trans. by Michael Crudden, Oxford university Press, New York, 2001, p. 3. 布克哈特在《希腊文化史》中也提到狄奥尼索斯的两次出生。参见：Jacob Burckhardt, *Griechische Kulturgeschichte*. erster Band, Leipzig: Alfred Kröner Verlag, 1929, S. 379.

② 珀尔塞福涅，希腊神话中宙斯与谷物女神得默忒耳的女儿，后被冥王哈德斯（Hades）绑架到冥界，成为哈德斯的妻子。

③ ［美］威尔·杜兰特：《世界文明史》第 2 卷《希腊的生活》，幼狮文化公司译，东方出版社1998 年版，第 137 页。

④ Karl Kerényi. *Die Götter- und Menschheitsgeschichten*, Zürich: Rhein-Verlag, 1951, S. 247.

⑤ KSA1, S. 559.

⑥ ［美］威尔·杜兰特：《世界文明史》第 2 卷《希腊的生活》，幼狮文化公司译，东方出版社1998 年版，第 137 页。

后又重生的神迹。俄耳甫斯秘仪教派认为,狄奥尼索斯至少有过三次出生经历,第一次是从母亲的腹中,第二次是从父亲的大腿中,第三次是从被肢解的残骸中。① 这显然是俄耳甫斯秘仪教派对不同神话版本进行拼接后得出来的。青年尼采对狄奥尼索斯的多次死亡和重生经历极其熟知。因此,他才会借狄奥尼索斯元素来理解悲剧精神的诞生、消亡以及复兴。

狄奥尼索斯与阿波罗的二元关系是尼采研究希腊悲剧的切入点。在神话中,狄奥尼索斯和阿波罗并非只是同父异母兄弟这般简单。据说,自从狄奥尼索斯在德尔菲神庙里获得重生以后,他就跟阿波罗一起,成为德尔菲神庙的守护神。每到冬季,阿波罗都不会光顾德尔菲神庙。而当阿波罗缺席之时,附近的酒神信徒会齐集此地,庆贺狄奥尼索斯的新生。依据德尔菲神庙曾经的祭师,生活于罗马时代的希腊作家普鲁塔克的说法,德尔菲神庙属于阿波罗,同样也属于狄奥尼索斯,在冬季三个月的时间里,狄奥尼索斯是德尔菲唯一的圣殿之神。②

此外,狄奥尼索斯的迷醉属性也颇受尼采关注。迷醉一方面源自酒,另一方面源自男女的交合。在狄奥尼索斯崇拜中,阳具崇拜也是很重要的一部分。荷马与赫西俄德都曾把狄奥尼索斯称作“快乐神”。不论饮酒还是交合,都会给人带来快乐,但同时也会带来狂乱和暴虐。相关的著名传说有阿高厄(Agaue)杀死儿子彭透斯(Pentheus)的故事。阿高厄和狄奥尼索斯的母亲塞墨勒是亲姐妹。酒神狄奥尼索斯为了报复阿高厄对母亲的污蔑,就把她给弄疯了。发疯后的阿高厄跑到山上,跟山林里的狂女们厮混在一起,茹毛饮血。阿高厄的儿子,忒拜国王彭透斯拒绝信奉狄奥尼索斯。他认为狄奥尼索斯是一位居心叵测的异邦人,之所以来到忒拜城,不过是想借献祭酒神的名义,诱骗城中妇女,把女人们都诱惑出家门,要她们可以“溜达到偏僻的地方,去满足男人们的欲望”。③ 祭礼酒神实质上是一种“伤风败俗的

---

① 吴雅凌编译:《俄耳甫斯教祷歌》,华东师范大学出版社 2006 年版,第 62 页。
② Georges Roux. *Delphi: Orakel und Kultsättten*, München: Hirmer Verlag, 1971, S. 160.
③ [古希腊]欧里庇德斯:《酒神的伴侣》,罗念生译,《罗念生全集》(第 3 卷),上海人民出版社 2007 年版,第 361 页。

狂欢",①应该被立即取缔掉。为了惩罚彭透斯对自己的亵渎,狄奥尼索斯就诱骗他去山林里偷看发狂妇女们的行径。彭透斯去了,结果被包括他母亲在内的狂女们当成野兽撕成碎片。欧里庇德斯在悲剧《酒神的伴侣》(*Die Bakchen*)中记载了这个故事。② 尼采在《狄奥尼索斯的世界观》一文里也转述了《酒神的伴侣》第三场中与酒神节庆有关的场景:

> "忽然间,彭透斯的母亲开始欢叫,众人睡意顿消,她们都遵循着高贵的习俗站立了起来;未婚的少女们和已婚的妇人们任由鬈发披肩散落,她们身上的鹿皮需要被重新整理,因为在睡觉时,系带已经松开了。她们腰间都缠绕着长蛇,而长蛇在亲密地吻着她们的脸颊,一些妇人还把小狼和小鹿抱在怀里,并给它们喂奶。所有的人都佩戴着常春藤花冠和旋花,用酒神杖敲一敲岩石,岩石上就会冒出水来;用酒神杖刺一刺土地,土地里就会涌出酒泉来。树枝头滴下香甜的蜜,如果有人用手指尖轻触地面,地面就会流出雪白的乳汁"。③

尼采将这个酒神世界称作"魔幻世界"(eine verzauberte Welt)。④ 在这个世界中,人与自然合而为一,达到一种迷醉的、幸福的状态。

狄奥尼索斯崇拜的起源问题

《伊利亚特》里记载了色雷斯国王吕库尔戈斯驱赶狄奥尼索斯的故事。吕库尔戈斯反对敬奉酒神。一次,在打猎的时候他袭击了酒神的抚育者(山林女神),致使年纪尚幼的狄奥尼索斯受到惊吓,跳入大海,跑到海神女儿忒提斯怀抱里寻找安慰。⑤ 古希腊历史学家希罗多德(Herodotus)在《历史》

---

① ［古希腊］欧里庇德斯:《酒神的伴侣》,罗念生译,《罗念生全集》(第 3 卷),上海人民出版社 2007 年版,第 362 页。

② 同上书,第 353—408 页。

③ KSA1, S. 559.

④ KSA1, S. 559.

⑤ ［古希腊］荷马:《伊利亚特》,罗念生译,《罗念生全集》(第 5 卷),上海人民出版社 2004 年版,第 148 页。"吕库尔戈斯……同天神对抗,曾把疯狂的狄奥尼索斯的保姆赶下神圣的尼萨山,她们被杀人的吕库尔戈斯用刺棍打死,手中的神杖扔在地上。狄奥尼索斯不得不钻进海浪里逃走。"

中讲,色雷斯人(Thrace)信奉酒神,而他们的国王却不同,国王自称赫尔墨斯的后裔,只信奉赫尔墨斯一个神。① 无论如何,狄奥尼索斯都跟色雷斯有着莫大的关系。一些学者据此认为,他是一位来自色雷斯的神。② 然而,酒神祭祀究竟源于何处,长期以来却存在争议。

尼采在《狄奥尼索斯的世界观》一文里指出,相对于宙斯和阿波罗等希腊本土神,狄奥尼索斯是一位外来神和异乡神,他是纯粹的东方产物,来自遥远的亚洲。③ 尼采的这一看法值得商榷。希罗多德认为,狄奥尼索斯及其祭祀最初是由埃及传入希腊的,④而最早从埃及人那里接受狄奥尼索斯崇拜的就是色雷斯人。⑤ 而另一位古希腊历史学家,狄奥多罗斯(Diodorus)却在《历史丛书》(Bibliotheca historica)中说,狄奥尼索斯的来源存在争议,比如埃及人就认为狄奥尼索斯是他们崇拜的奥西里斯(Osiris)神,⑥只不过在传入希腊以后,希腊人将这位神明改换了一个名字。⑦ 除此之外,还有来源于印度和忒拜城的说法。而厄利斯(Elis)、纳克斯(Naxos)、厄琉瑟瑞亚(Eleutherae)和泰厄斯(Teos)等地的人也都曾宣称,狄奥尼索斯来自他们的城市。⑧ 现代人类学家弗雷泽在《金枝》(1890)一书中虽然也承认狄奥尼索斯崇拜源于色雷斯,但他却认为这种崇拜带有巫术性质,“其意图是为了植物春天再生”和“动物繁殖”。这种春天崇拜和生殖崇拜在古代“绝不仅限于

---

① 〔古希腊〕希罗多德:《历史》,王以铸译,商务印书馆1997年版,第347页。

② 〔英〕简·艾伦·赫丽生:《希腊宗教研究导论》,谢世坚译,广西师范大学出版社2006年版,第333页。

③ KSA1, S. 556, S. 559.

④ 〔古希腊〕希罗多德:《历史》,王以铸译,商务印书馆1997年版,第132—133页。《历史》第2卷第49节:“智慧并且懂得预言术的美拉姆波司(Melampos),就是把狄奥尼索斯的名字,他的崇拜仪式以及带着男性生殖器的游行行列介绍给希腊人的人”。而他的这些知识,又都是在埃及学习到的。亦可参见:洪佩奇、洪叶编著:《希腊神话故事·狄俄倪索斯》(名画全彩版),译林出版社2013年版,第2—3页。

⑤ 〔古希腊〕希罗多德:《历史》,王以铸译,商务印书馆1997年版,第508页。《历史》第7卷第111节:“撒妥拉伊人从来没有受过任何人的役使,在全体色雷斯人当中,只有他们是直到今天还保持着自由的。原来他们居住在覆盖着各种树木和雪的高山上,而且他们又是非常卓越的战士。狄奥尼索斯的神托所便是属于他们的,这个神托所位于最高的一座山峰之上……”

⑥ 奥西里斯,埃及神话里的九大神明之一,主掌冥界,同时他还是复活神、雨神和森林神。也曾有被分尸后复活的神迹。

⑦ Diodorus Siculus. *Library of History*, 4. 1. 6, Trans. by C. H. Oldfather, https://www. theoi. com/Text/DiodorusSiculus4A. html.

⑧ 在《荷马颂歌》以及狄奥多罗斯的《历史丛书》中都有过相关记载。

巴比伦、叙利亚、弗里吉亚和埃及等东方民族,也绝不只是酷爱梦想的东方宗教的神秘主义的特殊产物,而是与爱琴海沿岸和海上诸岛更富于想象更具活泼气质的民族所共有"。① 1957 年,瑞典古典学和宗教历史学专家马丁·佩尔森·尼尔森(Martin Persson Nilsson)在《希腊和罗马时代的狄奥尼索斯密仪》(*Dionysiac Mysteries of the Hellenistic and Roman age*)一书中提出了狄奥尼索斯崇拜源自希腊本土的观点。② 而后来的考古发现也证实了尼尔森的这一论断。因此,现代学者更倾向于认同,狄奥尼索斯是纯粹的希腊神这样的说法。③

尽管历史上对狄奥尼索斯崇拜的起源并无定论,但尼采却依然把狄奥尼索斯崇拜视作亚洲产物,同时把狄奥尼索斯崇拜传入希腊,理解成一次影响深远的文化冲突事件。"为了他(狄奥尼索斯),就连宙斯和阿波罗这样最有名望的大神都牺牲了很多名誉。世上何尝见过如此费心地厚待一位外来者:就因为他也是一位可怕的外来者(从任何意义上讲都是敌对的或者外来的),有足够强大的力量捣毁接待他的庙堂。一场牵涉所有生活方式的大革命开始了:狄奥尼索斯闯入了一切领域,包括艺术在内。"④狄奥尼索斯崇拜的闯入对希腊本土文明带来了相当大的威胁。对于希腊人而言,一场关系到自身生活的文化大革命开始了。在此之前,狄奥尼索斯对希腊人来说,"是某种全新的、闻所未闻的东西;这是来自东方的东西,希腊世界首先得靠自己非凡的节奏和造型艺术的力量去降伏它,战胜它……"⑤

狄奥尼索斯崇拜的实质是自然崇拜。在狄奥尼索斯节庆里,人与自然

---

① 〔英〕詹姆斯·乔治·弗雷泽:《金枝》,徐育新、汪培基、张泽石译,大众文艺出版社 1998年版,第 560—561 页。

② Martin Persson Nilsson, *Dionysiac Mysteries of the Hellenistic and Roman age*, Lund: Gleerup, 1957, S. 143.

③ Astrid Fendt, "Antike Mysteriengottheiten: Demeter und Dionysos", in: *Die Unterblichen. Götter Griechenlands*, Zur debatte. *Themen der Katholischen Akademie in Bayern*, Jahrgang 43, Sonderheft zur Ausgabe 4/2013, 27 - 30.

④ KSA1, S. 563. 中译本:〔德〕尼采:《狄俄尼索斯颂歌》,孟明译,华东师范大学出版社 2013年版,第 344 页。

⑤ KSA1, S. 558.

和解了,"大地欣然地奉献出它的赠礼,连最凶猛的动物也温驯地相互靠近:狄奥尼索斯花车就是由豹子和老虎拉着的"。① 但是,这种自然崇拜在亚洲人那里和在希腊人那里却有着本质区别。在亚洲人那里,狄奥尼索斯崇拜"是低级本能的野蛮发泄,是一种在特定时间里毁坏掉所有社会关系的,乱交式的禽兽生活";而在希腊人那里却是"一个救世庆典(Welterlösungsfest),和一个灵魂变化飞升的日子(Verklärungstag)"。② 之所以会有这样的区别,是因为希腊文化中有着强大的阿波罗崇拜传统。正因阿波罗的强大威力,才使得那"从亚洲暴风雨般席卷而来的狄奥尼索斯缓和下来",最终,两者"达成了一种美妙的兄弟关系"。③ 阿波罗与狄奥尼索斯兄弟关系一经达成,希腊人的生活方式和审美趣味就发生了显著改变。

将狄奥尼索斯崇拜的亚洲来源看成是原始的和未开化的,并将狄奥尼索斯入侵希腊看成是一场漫长的文化交融事件,并非尼采首创。比如尼采的好友,德国古典学专家罗德就曾认为,在阿波罗崇拜与狄奥尼索斯崇拜之间,有过一场漫长的对抗。④ 而尼采对亚洲风俗的刻意贬低,也似乎能从他的前辈黑格尔那里找到滋长这一偏见的种子。众所周知,黑格尔在《美学》中曾将起源于东方的艺术称作象征艺术,并将之视为艺术发展的初级阶段和"艺术之前的艺术"。⑤

值得注意的是,在《悲剧的诞生》里,尼采一定程度上修正了早前的观点。他认为,"在古代世界的各个地区,从古罗马到巴比伦,我们都能证实有过酒神节庆的存在"。⑥ 在希腊以外的地方,酒神节的核心是"一种癫狂的性放纵",它挑战到每一个家庭的安稳以及与之相关联的庄严规矩。在这些地方的酒神节里,人们就像服用了女巫配制的魔药一样,兽性被彻底激发,

---

　① 　KSA1, S. 555.

　② 　KSA1, S. 556. Verklärungstag,在古埃及指死者灵魂变化形式,通往彼世的日子。

　③ 　KSA1, S. 556.

　④ 　Erwin Rohde: *Psyche. Seelencult und Unsterblichkeitsglaube der Griechen* [M]. New York: Cambridge University Press, 2010, S. 52.

　⑤ 　[德] 黑格尔:《美学》,朱光潜译,商务印书馆1979年版,第8页。

　⑥ 　KSA1, S. 31 - 32. 中译本:[德] 尼采:《悲剧的诞生》,周国平译,上海人民出版社2009年版,第93页。

淫欲和暴行掺杂着混合在一起。① 比如巴比伦的萨凯亚节（die Sakäen），②
它虽然与希腊的酒神节同根同源，但其实质不过是种促使人"向老虎和猿猴
退化"的陋习。而希腊的酒神节因为有了阿波罗的约束，于是就文明化、高
雅化了，变成了一种"救世庆典"和能令人的"灵魂变化飞升的日子"。③

　　显然，尼采把酒神节分成两类：一类是希腊的酒神节，另一类是非希腊
的酒神节。相对于希腊酒神节来说，非希腊酒神节虽然比较原始，但却有着
强大的生命力和感染力。非希腊酒神节通过各种"陆路和水路"的方式，向
希腊地区渗透，④导致了一场激烈的文化冲突。外来文明与希腊文明在冲
突中相互妥协、融合，最终形成了具有希腊特色的酒神节。如果说非希腊地
区的酒神节是一种动物性的野蛮和粗鄙的话，那么希腊地区的酒神节则在
阿波罗文明的暂时溃败和退让中变成一种"艺术现象"。⑤

　　在尼采看来，阿波罗和狄奥尼索斯对德尔菲神庙的分治是一场漫长的
文化竞赛的结果。在这场竞赛中，阿波罗和狄奥尼索斯都为自己赢得了属
于胜利者的荣光。他们的神威平分秋色，最后不得不握手言和，并就分治德
尔菲神庙的祭礼秩序（die delphischen Kultordnung）达成妥协。⑥ 希腊文明
在与外来文明的较量中，使自身的审美品位得到前所未有的提升。

　　狄奥尼索斯与阿波罗的斗争，是真理（Wahrheit）与美（Schönheit）的斗
争。"真理与美的斗争，从未像狄奥尼索斯崇拜入侵希腊时这般惨烈"。⑦
狄奥尼索斯代表真理，而阿波罗则代表美。古希腊音乐剧就存在于狄奥尼
索斯的真理与阿波罗的美之间。唯有通过古希腊音乐剧，阿波罗与狄奥尼
索斯才得以联合。在音乐剧里"可以发现一种狄奥尼索斯式的人"；他会给
观众带来"崇高性的震撼"或"哄堂大笑的滑稽效果"；他一方面超越了阿波

---

　① KSA1, S. 32.
　② 萨凯亚节（die Sakäen），古巴伦为庆祝掌管丰产的水神阿那希塔（Anahita，Anaïtis）举行
的狂欢节。节庆期间，人们纵情狂欢，奴隶和主人的地位倒转，奴隶获得了解放，主人需伺候奴隶。
　③ KSA1, S. 32.
　④ KSA1, S. 32.
　⑤ KSA1, S. 33.
　⑥ KSA1, S. 556.
　⑦ KSA1, S. 562.

罗的"美的表象",另一方面也并不完全遵循狄奥尼索斯的真理,"他超然地立于两者中间"。① 起初狄奥尼索斯式的人并非单个表演者,而是狄奥尼索斯式民众(die dionysische Masse)。后来礼赞酒神的狄提兰卜颂歌合唱队(dithyrambische Chor)就是从这些表演群体里演化出来的。②

在欧里庇德斯的《酒神的伴侣》中,狄奥尼索斯表现出一副威严神圣、不可亵渎的样子。而在阿里斯托芬的《阿卡奈人》里,他却表现出一副滑稽幽默、荒唐搞笑的样子。可见,狄奥尼索斯是一位"时而崇高,时而滑稽的神"。③ 狄奥尼索斯的庄、谐两面,让希腊人领略到了"生存的可怖和荒谬"。④ 他们通过音乐剧,要么表达"克服恐惧感的崇高性",要么表达"排遣荒谬感的喜剧性"。⑤ 前者对应希腊悲剧,后者对应希腊喜剧。也就是说,无论在悲剧里还是喜剧里,都包含有狄奥尼索斯元素。然而,由于尼采在撰写《悲剧的诞生》时为了凸显狄奥尼索斯与悲剧的关系,有意放弃了对喜剧的思考。受此影响,迄今为止,学界对狄奥尼索斯和喜剧的关系仍然少有研究。狄奥尼索斯元素似乎离喜剧越来越远了。

---

① KSA1, S. 567. 中译本:[德]尼采:《狄俄尼索斯颂歌》,孟明译,华东师范大学出版社2013年版,第349页。
② KSA1, S. 567. 中译本:[德]尼采:《狄俄尼索斯颂歌》,孟明译,华东师范大学出版社2013年版,第349页。
③ KSA1, S. 568. 中译本:[德]尼采:《狄俄尼索斯颂歌》,孟明译,华东师范大学出版社2013年版,第350页。
④ KSA1, S. 566.
⑤ KSA1, S. 567. 中译本:[德]尼采:《狄俄尼索斯颂歌》,孟明译,华东师范大学出版社2013年版,第348页。

尼采与伦理

德性伦理学运动 非道德 道德自然主义

那些反自然的道德，即迄今为止几乎每一种被
教导、被敬重、被鼓吹的道德，都在反对生命本能。

——《偶像的黄昏》

尼采与德性伦理学运动

　　20世纪50年代以来,随着德性伦理学运动的发展,尼采与德性伦理学的关系逐渐成为人们关注的热点。麦金太尔把尼采放到德性伦理学的对立面,所罗门把尼采理解为亚里士多德式德性伦理学家,斯旺顿认为尼采提供了不同于亚里士多德的德性伦理学方案。笔者认为,有必要把德性伦理学运动和德性伦理学传统区分开来。尼采与亚里士多德都可以被理解为德性伦理学传统中的一部分,尽管他们为德性伦理学运动提供了不可或缺的思想资源,但他们并非现代意义上的德性伦理学家。

　　众所周知,德性伦理学运动起源于20世纪50—60年代。其宗旨是通过批判功利主义后果论和康德义务论,把现代道德哲学的重心转移到"德性"之上。随着这场运动的深化与发展,如何应对尼采的"价值重估"所可能带来的价值虚无主义,以及如何应对尼采的"视角理论"所可能带来的道德相对主义,成为学界亟须解决的难题。同时,尼采与德性伦理学之间的关系也成为人们关注的热点。相关研究大多聚焦于以下两个问题:尼采是不是德性伦理学家? 应该如何理解其伦理思想与亚里士多德传统之间的关系?

关于"尼采与德性伦理学"的争论

第二次世界大战以后,经过瓦尔特·阿诺德·考夫曼(Walter Arnold Kaufmann)、卡尔·洛维特(Karl Löwith)、列奥·施特劳斯(Leo Strauss)等人的努力,尼采逐渐从纳粹的歪曲利用中分离出来。不过,在相当长一段时间里,人们并未把他与德性伦理学运动直接关联起来。

较早谈论两者之间关系的是阿拉斯戴尔·C. 麦金太尔(Alasdair C. MacIntyre)。在《追寻美德》(1981)一书中,麦金太尔把尼采放到亚里士多德传统的对立面,试图从否定性角度理解尼采之于德性伦理学运动的意义。他认为,尼采不是德性伦理学家,尼采的出现意味着启蒙运动以来的各种伦理学筹划(如密尔、边沁的功利主义,康德的义务论等)走向破产,而价值多元主义、价值相对主义则走向兴盛。因此,现代人必须在"尼采还是亚里士多德"的问题上做出选择:要么遵循启蒙哲学家的各种筹划"直至其崩溃",最终仅剩"尼采式诊断与尼采式疑难";要么主张启蒙以来的各种筹划都是错误的,回到亚里士多德,重构德性伦理学。① 麦金太尔的解释在学界引起诸多争议。难道尼采就没有提供任何德性伦理学的建设性方案? 尼采与亚里士多德传统的分歧竟如此之大,以至于只能把他放到德性伦理学的框架之外去理解?

罗伯特·C. 所罗门(Robert C. Solomon)在《与尼采一起生活》中对麦金太尔提出了尖锐批评。所罗门认为,麦金太尔抛弃了"通过尼采"来"重新思考亚里士多德"的可能性,他想要人们在"尼采还是亚里士多德"的问题上做出选择,其实是想要人们在"尼采还是麦金太尔"的问题上做出选择。② 也就是说,人们要么像麦金太尔那样把尼采视作亚里士多德传统的对立面,

---

① [美]麦金太尔:《追寻美德:道德理论研究》,宋继杰译,译林出版社 2011 年第 2 版,第 149 页。

② [美]罗伯特·C. 所罗门:《与尼采一起生活:伟大的"非道德主义者"对我们的教诲》,郝苑译,生活·读书·新知三联书店 2018 年版,第 253、261 页。

要么把尼采"如其所是"地视为亚里士多德传统中的一部分。所罗门虽然赞同麦金太尔对于启蒙筹划失败的诊断,但认为尼采并没有远离亚里士多德传统。我们从尼采那里学到的不仅仅是"智识上的乐趣",还有"如何过一种更好的生活"。① 因此,尼采"没有拒斥亚里士多德",而是回到《尼各马可伦理学》里"那个仍与战士紧密相关的贵族传统之中"。② 尼采所谓的"新价值"不过是翻新、改造了一些"相当古老的"旧价值,使之得以"适应我们的时代"。③ 可见,在麦金太尔号召大家回到亚里士多德之前,尼采其实早就已经回到了亚里士多德。

所罗门的这种观点也颇有争议,因为尼采与亚里士多德之间的区别是显而易见的。在亚里士多德那里,所谓的"好生活",其实是一种被实践智慧所引导的合乎理性的生活。这种"好生活"理想显然不可能获得尼采的欢心,因为它属于尼采所批判的理性主义伦理学范畴。尼采激烈地反对"节制"和"中庸之道",公开宣扬"非理性"和"非道德",这些无疑都与亚里士多德的气质相左。所罗门虽然承认尼采与亚里士多德之间存在一些根本性差异,但仍然相信这些差异并不能够掩盖两者思想上的诸多相似之处:他们"都是功能主义者(functionalist),自然主义者,目的论者",都与功利主义和康德伦理学相对立。④ 所罗门认为,与亚里士多德一样,尼采思考的重心也是"成为什么样的人"和"什么样的生活才是好生活"。尼采是一位标榜"丰富内在生命"的哲学向导,因此与其关注"他真正说了些什么"或"我们应当如何理解他",还不如关注他作为"范例""会怎样塑造我们"。⑤

值得注意的是,所罗门把尼采解释为亚里士多德意义上的德性伦理学家,会进一步强化德性伦理学中亚里士多德的统治力。众所周知,伊丽莎白·安斯库姆(Elizabeth Anscombe)以后,亚里士多德伦理学长期被视为

---

① ［美］罗伯特·C.所罗门:《与尼采一起生活:伟大的"非道德主义者"对我们的教诲》,郝苑译,生活·读书·新知三联书店2018年版,第3页。
② 同上书,第254页。
③ 同上书,第279页。
④ 同上书,第255页。
⑤ 同上书,第23页。

德性伦理学的主流和正统,甚至在麦金太尔"回到亚里士多德"口号的误导之下,德性伦理学还经常会与亚里士多德伦理学相混同。所罗门虽然对麦金太尔的尼采阐释有所批评,但并没有否认亚里士多德之于德性伦理学的正统地位。相反,通过把尼采这样的异类纳入亚里士多德传统,他还在一定程度上强化了亚里士多德对于德性伦理学的统治。

　　克里斯廷·斯旺顿(Christine Swanton)批评认为,德性伦理学是多元的,而不是一元的,①因此,应该把亚里士多德伦理学或新亚里士多德主义伦理学视作德性伦理学的一种,就像康德伦理学是义务论伦理学的一种一样。② 其实,在斯旺顿之前,亨特(Lester Hunt)就曾指出,尼采提供了一种与亚里士多德不同的德性伦理学。③

　　尽管斯旺顿等人的观点不无道理,但却可能给后续研究带来其他麻烦。如果德性伦理学是多元的,亚里士多德伦理学只是德性伦理学当中的一个特殊类型,那么把某位哲学家彻底地划出德性伦理学之外就很困难。斯旺顿在《尼采德性伦理学概要》一文中指出,德性伦理学至少需要处理以下两个问题:什么使得某个行为正确? 什么使得某种品质特征成为德性? 斯旺顿认为,尼采对这两个问题都做了有效的回答,因此尼采伦理学无疑是一种(不同于亚里士多德传统的)德性伦理学。④ 但是,我们很难找到对这两个问题完全不做回应的哲学家。如果从斯旺顿的立场出发,我们就会承认不同的哲学家提供了不同的德性伦理学方案。于是,这些不同方案之间的争执可能会消解掉德性伦理学当代复兴的意义。不仅奥古斯丁、阿奎纳、休谟、尼采,甚至康德似乎都有资格被纳入德性伦理学的范畴。于是,人们就需要面对一个庞大无比的德性伦理学清单。德性伦理学最终可能会随着这个清单的扩张而变成一个无所不包的概念,从而失去其应有的

---

　　① Christine Swanton, *Virtue Ethics: A Pluralistic View*, Oxford University Press, 2003, pp. 4 - 5.

　　② Christine Swanton, *Virtue Ethics of Hume and Nietzsche*, Wiley Blackwell, 2015, p. xii.

　　③ [加]克莉丝汀·戴格尔:《尼采:德性伦理学……德性政治学?》,韩王韦译,《现代外国哲学》2018 年春季号(总第 14 辑)。

　　④ Christine Swanton, "Outline of a Nietzschean Virtue Ethics", *International Studies in Philosophy XXX*:3, 1998, p. 29.

意义。

　　显然,学界在处理尼采与亚里士多德的关系问题上陷入了两难:要么像所罗门那样,把尼采视作亚里士多德式的德性伦理学家,进一步强化亚里士多德对德性伦理学的统治;要么像斯旺顿那样,主张德性伦理学的多元化,把尼采伦理学视作跟亚里士多德伦理学并驾齐驱的思想资源。但随之带来的问题是:如果尼采能够有幸入选德性伦理学清单,那么其他哲学家为什么就应该被拒之门外呢?围绕着这份清单的争执可能会让学界陷入不必要的内耗。因此,要解决这一问题,就需要重新考察尼采与亚里士多德以及德性伦理学运动之间的关系。在追问"尼采是不是一位德性伦理学家"之前,首先要追问:尼采在伦理学上是不是一位亚里士多德主义者?尼采的伦理学诉求与德性伦理学运动是否一致?

尼采是亚里士多德主义者吗?

　　学界通常认为,尼采早期只读过亚里士多德的《修辞学》和《诗学》。然而,最新研究表明,除了这两本著作以外,尼采还对《范畴篇》《动物志》《论灵魂》《论梦》《尼各马可伦理学》《政治学》《大伦理学》等作品有所涉猎且颇为熟知。① 也就是说,亚里士多德对于尼采的影响是全方位的,不只限于诗学和艺术。在自然哲学、形而上学、伦理学和政治学等领域,亚里士多德的影响也是较为显著的。

　　考夫曼在其名著《尼采:哲学家、心理学家、敌基督者》中认为,亚里士多德伦理学,尤其是"灵魂之伟大"(megalopsychia)概念,对尼采有着巨大影响。离开亚里士多德,尼采的"敌基督教"或"价值重估"就很难能被正确理解。② 考夫曼曾经执教于普林斯顿大学长达 33 年,是最早把尼采引入美

---

① Jing Huang, "Nietzsches als Leser des Aristoteles", *Nietzsche als Leser*, Hrsg. von Hans-Peter Anschütz, Armin Thomas Müller, Mike Rottmann und Yannick Souladié, Berlin/Boston: De Gruyter, 2021, S. 131 – 155.

② Walter Kaufmann, *Nietzsche: Philosopher*, *Psychologist*, *Antichrist*, Vintage Books, 1968, p. 382.

国学界的学者之一。他的这种观点虽然受到许多指责,但也收获了不少拥趸,所罗门就是其拥护者之一。

所罗门从考夫曼的立场出发,把研究重心放在尼采与亚里士多德的思想关联之上。不过,与其说他成功地证明了两者之间的关联,不如说他成功地罗列了两者表面上的诸多相似之处:尼采与亚里士多德都赞美“勇气”,都对荷马史诗中的战士传统表示认同,都把德性与卓越关联起来,都试图“通过范例来展示德性”,都把哲学家首先视作一种“范例”,等等。[①]尽管跟考夫曼相比,所罗门对尼采与亚里士多德关系的梳理更为全面和系统,但他依然因为过于注重两者之间表面的相似,忽视了两者之间本质的不同。

早在 1980 年,贝恩德·马格努斯(Bernd Magnus)就已经在《亚里士多德与尼采:“灵魂之伟大”与“超人”》一文中批评了考夫曼的观点。他认为考夫曼对于亚里士多德和尼采关系的解读过于表面和肤浅,亚里士多德的幸福目的论延续了苏格拉底、柏拉图的理性主义伦理学传统,不可能真正获得尼采的认同,而且《尼各马可伦理学》中跟“伦理德性”有关的“灵魂之伟大”概念和尼采的“超人”概念之间并无直接联系。[②]

对此,尼采研究专家弗兰克·卡梅伦(Frank Cameron)在其博士论文《尼采与道德之“问题”》中指出,关键不在于尼采与亚里士多德之间是否存在相似之处,而在于这些相似之处是否足以使尼采与德性伦理学传统相兼容。尽管尼采也强调生命之卓越,但“他与亚里士多德伦理学并无亲缘关系”。[③]尼采对于“理性”和“节制”的批判,“意味着德性伦理学的倾覆,而并非意味着尼采与亚里士多德心意相通”。[④]

---

① Walter Kaufmann, *Nietzsche: Philosopher, Psychologist, Antichrist*, Vintage Books, 1968, pp. 273 – 310.

② Bernd Magnus, "Aristotle and Nietzsche: 'Megalopsychia' and 'Uebermensch'", *The Greeks and the Good Life: Proceedings of the Ninth Annual Philosophy Symposium*, ed. by David J. Depew, California State University, 1980, pp. 260 – 295.

③ Frank Cameron, *Nietzsche and the "Problem" of Morality*, Dissertation, The University of Ottawa, 2001, pp. 165 – 176.

④ [加]克莉丝汀·戴格尔:《尼采:德性伦理学……德性政治学?》,《现代外国哲学》2018 年春季号,第 84—85 页。

　　马格努斯和卡梅伦的观点是有道理的。他们注意到,通过罗列相似之处来证明尼采是亚里士多德主义者并不值得称道,因为这样做不仅会误读尼采,也会误读亚里士多德。尼采的价值绝不在于他跟亚里士多德或其他任何哲学家之间有着某种思想上的相似,而在于他的哲学气质、伦理诉求以及表达方式的与众不同。唯有这种不同,才使得尼采成其自身,并且在哲学史上获得一席之地。

　　尽管尼采没有像批判苏格拉底、基督教那样严厉地批判亚里士多德,甚至相反,他还时常直接或间接地肯定亚里士多德的观点。① 但是,这并不足以证明尼采是一位亚里士多德主义者。尼采与亚里士多德之间至少存在着以下三点根本性差别。

　　第一,在亚里士多德那里,幸福(eudaimonia)是生命的最高善和最终目的。尼采虽然如亚里士多德那样,把幸福与生命"兴盛"(flourishing)关联起来,并且对"兴盛"给予了极大关注,但他反对把幸福或兴盛视作生命的目的。如果一个人的生活不幸福、生命不兴盛,那么这个人就很难跟"主人道德"结缘。因此,生活幸福或生命兴盛,只是区分"主人道德"与"奴隶道德"两大伦理学类型的前提,或者说是评判生命健康与否的前提。尼采晚期所谓的"重估一切价值",就是想要追问基于幸福或兴盛之上的价值应当是何种价值。

　　第二,尼采曾经批判苏格拉底,认为他把理性视作最高德性,在哲学史上开启了理性与德性相混同的潮流。亚里士多德作为这一传统的继承人,显然也处于尼采的批判范围之内。尽管亚里士多德在《尼各马可伦理学》里提到了与营养、生长有关的德性,但认为依据这种德性无法评判一个人的好与坏,因此"它不属于人的德性",②人的德性(理智德性和伦理德性)与理性(λόγος)紧密相关。在这一点上,尼采与亚里士多德截然相反。他认为,德性与理性无关,而与人的生命力有关。德性首先应该是自然德性,即与营

---

　　① 例如在《敌基督者》第 7 节里(KSA 6, 174),尼采批判基督教同情观时,还颇为赞同地指出"亚里士多德把同情视为一种有病的、危险的状态"。
　　② ［古希腊］亚里士多德:《尼各马可伦理学》,廖申白译注,商务印书馆 2013 年版,第 33 页。

养、生长有关的德性。① 自然德性是一切伦理实践的根基。理性不是检验德性的标准，相反，人的德性才是检验理性的标准。如果理性与人的德性相违背，那么理性就是既反自然又反人性的。

第三，如果说亚里士多德伦理学以人为中心，那么尼采的伦理学则试图破除这个中心。亚里士多德认为，人既不同于动物，又不同于神，只有人才要过城邦生活，而动物和神则不然。② 亚里士多德是从人的特殊性角度出发来研究人，他试图把人从"动物-人-神"的结构当中凸显出来。尼采则相反，他试图把人还原到"动物-人-神"的结构中，从普遍性角度或生命整体的角度出发来研究人。在《偶像的黄昏》一书里，尼采指出，亚里士多德忽视了"人可以既是动物又是神"。"既是动物又是神"表明人身上既具备自然的动物性，又具备超自然的神性。而人性既不自然，又不超自然。尼采大多数情况下对人性是持批判态度的，他更看重人身上的动物性和神性。因此，他才在中、后期提出了"回归自然"和"超人"的口号。

众所周知，19 世纪以来，人的地位遭受到极大的挑战。在尼采讲"上帝死了"之前，"细胞学说"和达尔文进化论就已经把文艺复兴以来赋予人的特殊性地位给取消掉了。人成为一个需要被重新定义的物种，不再是自然的宠儿和造物的皇冠。弗莱堡大学教授安德里亚斯·乌尔斯·索梅尔（Andreas Urs Sommer）认为，"人的重新动物化"是 19 世纪人类学的一个显著特征。③ "细胞学说"把人放到生物层面去认知，认为一切生物（包括动物和植物）都是由细胞构成的。如果说柏拉图、亚里士多德以来的传统是把人与动物、植物区别开来，那么到了 19 世纪，人又被重新还原到动物、植物里，也就是说人被重新还原到自然里。同时，达尔文进化论也把人还原到物种层面去思考。人只是自然选择过程的产物，很可能并非生命进化的终点和目的。这对康德以来把人视作目的的思想有着极大冲击。尼采受到了

---

① 韩王韦：《自然与德性：尼采伦理思想研究》，中国社会科学出版社 2020 年版，第 34—38 页。

② ［古希腊］亚里士多德：《政治学》，吴寿彭译，商务印书馆 2019 年版，第 9 页。

③ ［德］安德里亚斯·乌尔斯·索梅尔：《人、动物、历史：19 世纪人类学的幻灭》，朱毅译，《哲学分析》2018 年第 3 期。

19 世纪生物学进展的影响。① 他认为，重新动物化并不意味着人要退回到动物状态，而是意味着人获得一个重新思考自身的机会。通过动物化，人可以再次发现生命内在的"神性"——自我超越本能，正是这种本能促使生命从动物进化成为人。"神性"内在于生命，而非外在于生命。基于此，尼采认为，人并不特殊，人只是过渡性的"绳索"或"桥梁"，人最终是要超越人的。

综上可知，尼采与亚里士多德传统相去甚远，他不仅反对亚里士多德的幸福目的论，还反对亚里士多德将理性与德性相混同的做法。此外，19 世纪基督教式微所带来的信仰危机，以及科学进展（尤其是生物学进展）所带来的人的危机，使尼采不可能像亚里士多德那样，对人这个物种和人的政治活动抱有信心。

尼采是德性伦理学家？

既然尼采在伦理学上很难说是一位亚里士多德主义者，那么应该如何理解他与德性伦理学运动之间的关系？ 或者说，尼采是一位现代意义上的德性伦理学家吗？

德性伦理学运动之所以兴起，是因为人们意识到，功利主义的"后果论"和康德的"义务论"过于强调理性规则，而忽视了道德行动者的人格的完善和品性的培养。因此，德性伦理学试图把"德性"置于"行为""后果""责任"之前，更关注人的品质结构，而不是"为行动提供最终指导"的"普遍规则"。此外，德性伦理学还承认，恰当的欲望与情感可以在道德生活中起到积极的作用，因而会在一定程度上"支持情感和欲望等非理性部分的复兴"。② 如此看来，尼采似乎跟德性伦理学运动的旨趣相契合，他也反对后果论和义务

---

① 韩王韦：《尼采与 19 世纪达尔文主义》，《自然辩证法研究》2021 年第 1 期。
② ［加］克莉丝汀·戴格尔：《尼采：德性伦理学……德性政治学？》，《现代外国哲学》2018 年春季号，第 85—86 页。

论,也支持情感、欲望等非理性部分的复兴。

罗伯特·劳登(Robert Louden)在《应用伦理学百科全书》(*Encyclopedia of Applied Ethics*)"德性伦理学"词条中指出,当代德性伦理学有批判性和建设性两面:批判性体现于对后果论和义务论的假设、方法、旨趣的驳斥,建设性则体现于发展和捍卫一种以德性为导向的规范伦理学方案。① 目前,人们虽然在德性伦理学的批判性方面达成一定程度的共识,但在德性伦理学的建设性方面还存在许多争议。正如劳登所言,德性伦理学家在概念和规范的共识问题上,并不比其竞争对手做得更好。②

尽管越来越多的学者意识到,后果论和义务论对于"行动""责任"的关注,可能会导致人们忽视"行动者"本身,但绝大多数伦理学家并不认为德性伦理学必然要取代后果论和义务论。确切地说,他们更倾向于一种融合论立场,即认为德性伦理学与其理论对手之间存在着调和的可能性。近些年,国内外出现了不少研究康德德性论和功利主义德性论的成果,其目的无非是想做一种调和性的工作。

在如何理解尼采与德性伦理学的关系问题上,调和论也占据上风。麦金太尔虽然从否定性角度出发,把尼采放到德性伦理学的对立面,但他也承认,对德性伦理学的复兴而言,尼采的批判性资源与亚里士多德的建设性资源都是不可或缺的。所罗门之所以把尼采理解为亚里士多德传统的一部分,是因为他认识到,近代以来,单一文化体系被多元文化体系所取代,想要为伦理学寻找一种价值或习俗上的统一性已经不再可能,于是,启蒙哲学家试图借助"理性"和"规则"来为伦理学寻找一种新的统一性。尽管如麦金太尔所言,尼采的出现意味着启蒙筹划的失败和重构德性伦理学的迫切,但"回到亚里士多德"并不是一件容易的事情,因为亚里士多德伦理学与当前的现实生活之间存在着巨大的鸿沟,而尼采的"价值重估"和"视角理论"在某种程度上又代表着当前的现实。如果我们拒绝从尼采的角度重新理解亚

---

① Robert B. Louden, "Virtue Ethics", *Encyclopedia of Applied Ethics* (*Second Edition*), Vol. 4, editor-in-chief Ruth Chadwick, San Diego: Academic Press, 2012, pp. 503 - 504.

② Ibid. , p. 505.

里士多德,那么德性伦理学就很难能拥有足够开放的未来。

斯旺顿批评认为,不能把德性伦理学局限于亚里士多德传统当中,休谟的"情感论"和尼采的"生成论"都为之增添了新的内容。在《休谟与尼采的德性伦理学》一书中,斯旺顿总结了尼采对德性伦理学的三大贡献:第一,把"动机倾向的深层心理特质"视作"德性的一个方面";第二,根据"人的角色、类型、力量"等生命特征来区分德性;第三,"肯定生命,并将之理解为一种规范"。以此为基础,她分析了尼采思想中"克服"(overcoming)概念的动力学特征以及"成为你所是"(become who you are)的存在学意义,进而把尼采的德性伦理学定义为"生成性德性伦理学"(virtue ethics of becoming)。①斯旺顿认为,尼采驳斥了标准化的目的论观点,否认有一种总体上适合人类的完美状态,并拒绝将此完美状态视作人的终极目标,由此开辟了一个德性伦理学的新方向。然而,斯旺顿并没有给出令人信服的论证来说明尼采的"生成性德性伦理学"不是亚里士多德伦理学的一个现代变体,因为"生成性德性伦理学"似乎就是去掉了目的论指向的亚里士多德伦理学。

麦金太尔认为,在亚里士多德的目的论框架中,完整的道德结构应该具备三重要素:未受教化的"偶然所是之人性""实现其目的,而可能所是之人性"以及"理性伦理学之戒律"。② 也就是说,唯有通过实践智慧和习惯的培养,让理性戒律发挥作用,方能使未受教化的"偶然所是之人性"转变为目的得以实现的"可能所是之人性"。而启蒙哲学家背离了亚里士多德传统,他们拒斥目的论人性观,抛弃了对"可能所是之人性"的思考,于是,未受教化的"偶然所是之人性"与理性戒律之间的矛盾就变得不可调和,启蒙筹划的失败不可避免。在斯旺顿看来,尼采虽然拒斥了亚里士多德的目的论人性观,但并未抛弃对"可能所是之人性"的思考。尼采为德性伦理学寻找到一条目的论框架之外的实存主义路径。

迈克尔·斯洛特(Michael Slote)承认,把尼采理解为德性伦理学家是

---

① Christine Swanton, *Virtue Ethics of Hume and Nietzsche*, p. 195.
② ［美］麦金太尔:《追寻美德:道德理论研究》,宋继杰译,译林出版社 2011 年第 2 版,第67 页。

很困难的。尼采虽然认为"我们应当促进善",但对于"何为善",他"却有着与众不同且颇具争议的看法"。① 斯洛特倾向于把尼采伦理思想解释为一种"基于行动者"(agent-based)的德性伦理学。② 不过,他对"行动者"的理解与尼采大相径庭。在尼采那里,行动者必须不断地"自我克服",自我克服的目的不是追求"至善",而是"超人"。在《查拉图斯特拉如是说》中,尼采说:"我想,你们一定会把我的超人——称作魔鬼!""我厌倦了这些至高者和至善者:我要摆脱他们,从他们的'高处'出发,向上,直达超人。"③斯洛特与大多数伦理学家一样,对于尼采的"超人"是极为警惕的。

可见,无论是把尼采放到亚里士多德传统的对立面,还是把尼采理解为亚里士多德传统中的一部分,抑或把尼采思想解释为"生成性德性伦理学"和"基于行动者的德性伦理学",都会引来争议。尽管尼采伦理思想的核心是德性论,他的德性论也确实给德性伦理学运动提供了一定程度的借鉴和启发,但如果因此就把他理解为德性伦理学家,有简单化和脸谱化之嫌,因为仅从德性伦理学角度,不足以概括尼采的思想全貌。

较为明智的做法或许是,把德性伦理学运动与德性伦理传统区分开来。德性伦理学运动毕竟是现代产物,是在批判功利主义和义务论的过程中发展出来的。其哲学气质已与德性伦理传统,尤其是亚里士多德传统大不相同。基于这一区分,我们或许可以把尼采理解为德性伦理传统的一部分,而无需把他理解为现代意义上的德性伦理学家。

20 世纪后半叶以来,德性伦理学运动方兴未艾。但迄今为止学界尚未就一些关键性问题达成共识。例如,德性伦理学对后果论和义务论的批评是否公允且有效,如何在现代语境下定义德性,并处理德性与德性之间,或具体德性之间的关系,如何将德性伦理学付诸应用,等等。

---

① Michael Slote, "Nietzsche and Virtue Ethics", *International Studies in Philosophy 30: 3*, 1998, p. 23.

② Ibid. , p. 24.

③ KSA4, S. 186.

　　众所周知,德性伦理学运动广泛地吸取了各种思想资源为其所用,包括亚里士多德主义、斯多亚主义、情感主义(以休谟为代表)以及 19—20 世纪的意志论哲学(以尼采为代表)。此外,德性伦理学运动还继承了启蒙的遗产,譬如它受到近代以来平权思潮的影响,拒绝像亚里士多德、尼采那样,把哲学目光聚焦于少数"贵族"之上。因此,不能简单地把德性伦理学运动视作亚里士多德传统或斯多亚传统的复兴,更不能简单地把休谟的情感论和尼采的意志论理解为现代意义上的德性伦理学。

尼采的道德自然主义

通过宣称"回归自然"是向上攀升到自然,而不是退回到自然,尼采构想出了一种以自爱为原则的道德自然主义。尼采认为自然是奢靡丰盈的,权力意志不仅是求权力、求利益的生存意志,更是求挥霍、求耗散的自然意志。尼采道德自然主义的核心是生命的进化与超越;而超人正是这种进化与超越的最终产物。超人体现了人的自私性与自然的无私性的结合。超人也是自私的,但是他的自私却要通过一种挥霍性的向外给予来实现。

在《偶像的黄昏》一书中,尼采宣称自己是一位"非道德主义者",①在《瞧,这个人》一书中,他又进一步地宣称自己是第一位"非道德主义者"。② 那么,尼采如此断言的理论依据究竟在什么地方呢?众所周知,尼采是从自然的角度来考量道德的。他认为评判一种道德健康与否,关键就要看它是否合乎自然。只有合乎自然的道德才是一种"健康的道德",尼采将之称为"道德里的自然主义"。③ 由此可见,尼采所谓的"非道德"是针对某些特定的道德评价体系而言的,并不是说要反对一切道德。而尼采之所以用"非道德主义者"来定位自己,也不过是想借助反道德的姿态来回归自然,并试图

① KSA6, S. 65.
② KSA6, S. 336 – 337.
③ KSA6, S. 85.

通过回归自然来重构一种新的道德哲学。

两种回归自然的方式

在尼采看来，"回归自然［……］并不是一种倒退，而是一种向上的攀升（hinaufkommen）——向上攀升到高贵的，自由的，甚至于可怕的自然和自然天性当中去"。① 在此，尼采区分了两种回归自然的方式，一种是倒退，另一种则是向上攀升。如果说向上攀升是健康的，合乎自然的，那么倒退就是不健康的，反自然的。这种不健康的反自然的代表就是卢梭。尼采认为卢梭所谓的回归自然，不过是想"回归到低贱的自然状态（Rückkehr zur Natur in impuris naturalibus）"②而已，因此他所寻找到的自然就是病态的和堕落的。

尼采之所以说卢梭寻找到的自然是堕落的和病态的，是因为卢梭将好与坏的判断强加给了自然，并试图让人从文明的社会状态倒退到原始的自然状态。卢梭认为，凡是自然的东西都是好的，而一旦落入"到人的手里，就全变坏了"。③ 之所以会如此，是因为人远离了他的自然天性，成了文明的社会人。因此，回归自然，即意味着要褪去文明的外衣，重新恢复人的自然天性，成为自然人。而人之所以能够恢复自然天性，再次成为自然人，是因为他的心中有良知，有向善的欲望。由于自然的就是善的，那么回归自然，成为自然人，即意味着回归善，意味着人的求善欲望的最终实现。

与卢梭相反，尼采认为，自然无所谓好与坏，因此对之进行赞美或者谴责都将会是"荒唐的和无意义的"。④ 在原始人的眼中，自然是"自由的王国"，也是"任性的王国"，它神秘可怕而又难以理解。⑤ 人类出于自我保全的需要，赋予了自然以善恶的特性。这只不过是弱者为了生存而选择的一

---

① KSA6，S. 150.
② KSA6，S. 111.
③ ［法］卢梭：《爱弥儿：论教育》（上卷），李平沤译，商务印书馆 1978 年版，第 5 页。
④ KSA2，S. 103.
⑤ KSA2，S. 113.

种自我欺骗罢了,其直接目的无非是想获得自然的宠爱或者避免自然的伤害。因而基于善恶观之上所构建起来的道德,其实质不过是有生之物所耍的一种聪明诡计而已。虽然这种聪明诡计并不高级,但它却是必需的,没有它,人类这种有生之物"就仍然会停留在动物的阶段",①基于此,尼采进一步认为,人类的出现就是对于动物的一种超越,而人,就是"超动物"(das Ueber-Thier)。②

无视人这一物种的自我超越诉求,而臆想着要退回到最初的善恶状态中,即退回到由动物变成人的自然状态中,这无疑就是一种卑贱的物种退化行为。

尼采认为,道德伦理与社会风俗一样,都是对于传统法规的遵守与服从,③因而,所谓的道德标准就不可能是永恒的,而应该是不断地在变化生成的。较高层次的道德(Sittlichkeit)之所以出现,其目的就是为了能够让较低层次的道德走向消亡。④

在古代,真正有实力的人必须要去以德报德,以怨报怨。因为在他们的眼中,无论所接收到的是德还是怨,都是对他们个人领域的入侵和对他们个人能力的质疑。因此,"谁有实力去以德报德,以怨报怨",并且真正的那样做了,谁就会被称为是好的;反之,谁"无实力,并且不能够那样去做",那么他就会被称为是坏的。⑤ 到了现代,人们却不再把报德和报怨当成是对自己的能力与实力的一种考验,也就是说,在当前的道德评价中,能力和实力的高低变得越来越不重要了,而是不是符合某种僵化的道德标准却变得越来越重要。然而,"只要道德是基于自身来判决,而不考虑,顾及,着眼于生命的话,那么它就是一种特殊的错误,[……],一种造成了诸多可怕损害的衰败特性"。⑥ 由此可见,尼采所说的较高层次的道德,并不完全是较晚出

---

① KSA2,S.64.
② KSA2,S.64.
③ KSA2,S.92.
④ KSA2,S.44.
⑤ KSA2,S.66-67.
⑥ KSA6,S.87.

现的道德。由于生命起初就是利己的，那么假如一种较晚出现的道德不再关心生命的利己性，而只关心自己的道德标准是不是被遵守和服从，那么它就必然会在某种程度上忽视生命，从而给社会带来损害，给人类带来衰败。

在《人性的，太人性的》一书第 1 卷 94 节，尼采将人类迄今为止的道德分为三个阶段。第一个阶段的标志是从动物变成人，在这一阶段人们以追求有用性为行事的基本原则，从而收获到了理性，同时也超越了自身的动物性，不再为眼前转瞬即逝的舒适感所羁绊；第二个阶段的标志是人们有了追求荣誉之心，他们能够依据荣誉的原则来办事，在这一阶段有用性的标准被定义为，尊重他人，也被他人所尊重；而到了第三个阶段即道德发展至今的最高阶段，在这一阶段，人变成了立法者(Gesetzgeber)，他为自己和他人来评定何为有用，何为荣誉，此时人们将不再以短暂的私利为目的，而以"普遍的可持续的效用"为目的，于是，个体的人就变成了"集体的个体(Collectiv-Individuum)"。① 值得注意的是，在这三个不同的道德阶段，人们对于有用性和荣誉的理解是逐级升高的。由于荣誉也是一种有用性，因而，尼采就将道德的起源定位于人类对于有用性的追求之上。也就是说，人们之所以心甘情愿地被道德所欺骗，无非是因为道德对自己的生存有用，可以令自己感到愉悦或者避免不快。

在尼采之前，英国哲学家休谟也曾经从有用和令人愉悦的角度探讨过道德的私利性起源问题。但是尼采并没有像休谟那样，将不利己行为的产生根源或者无私道德的可能性归结于人类的同情心之上。因为尼采认为，受难者对于同情的渴望，不过是想寻找到一种弱化他人灵魂的优越感，在获得同情的同时，"受难者的自负增加了"，因为他发现自己"至少还具备一种伤害的力量"，"在将世界搞得痛苦的事情上，[……]他依然足够重要"。② 由于尼采在解析道德的过程中并没有给道德的无私性寻找到一个合适的理由，所以他就不得不将人类的不利己行为视为道德进化史上扭曲的、不成熟的产物。也就是说，在道德标准的发展变化中，人们出于健忘，而忽视了道

①　KSA2, S. 91.
②　KSA2, S. 71.

德的私利性起源,将道德与不利己的行为关联了起来。自此以后,人们才会把不利己的行为视为好的,而将利己的行为视为不好的和需要警惕的。

忽视了道德的私利性,其直接后果就是让人忘却了生命自身的超越需求。"迄今为止一切的有生之物都创造出了超越它们自己的东西:难道你们想成为这道洪流的退潮者,宁愿退回到动物,也不愿意去超越人类?"①查拉图斯特拉下山,教导人们超人理论,就是要让人们重新回忆起自身的那种超越需求。这种超越需求是自然的,自然只有在这种不断追求超越的大潮中才能够完成自我的革新。而人类也只有顺应自然,立足于这一超越需求之上,才能够完成社会文明的革新。

在社会文明革新完成之前,历史上所出现的各种文化、风俗和道德并不是像卢梭所认为的那样毫无意义,是人类心理与生理堕落的体现,相反,它们都是新文明降临前"必不可少的预备阶段"。② 说历史上的文化、风俗和道德在预备阶段是必不可少的,不是说它们都是合乎自然的和健康的。在尼采的眼中,只有那些立足于生命,并让生命在实践中有所超越的风俗和道德,才能称得上是自然的和健康的。

然而,这种在道德中不断追求超越和革新的倾向,与达尔文的生物进化论又何其相似。但如果说尼采的道德哲学只不过是达尔文进化论的一种蹩脚翻版,那么尼采又如何能够自豪于他的思想原创性,并不无骄傲地宣称自己是"第一位非道德主义者"③呢? 由此可见,尼采对于自然必定还有其更为深层的理解。

两种自然

1887 年,尼采在写《快乐的科学》第五卷时就对达尔文主义进行了批

①　KSA4, S. 14.
②　KSA2, S. 108.
③　KSA6, S. 366 - 367.

判。达尔文进化论的两个基本观点是"自然选择"和"为生存而斗争"。① 尼采认为达尔文思想的实质也是一种道德哲学,它体现了英国人口过剩所带来的社会紧张感以及小市民处世维艰的生存状态。如果说某位自然科学家习惯于用一种充满危机感的眼光来审视自然,那么极有可能是因为他或者他的祖辈出身低贱,不得不时刻为自己的切身利益权衡和盘算。然而大自然是没有贫困的,有的只是"极度的丰盛与豪奢"。②

在这里,尼采区分了两种自然。一种是野蛮的令人充满危机感的自然,另一种则是奢靡的极度丰裕的自然。与这两种自然相对应的是人类的两种存在状态,即为生存而斗争的普遍竞争状态和富裕豪奢的竞相挥霍状态。尼采认为,生存斗争毕竟只是人们在"生存意志受限"时的"一种例外状况",③将这样的一种例外状况提升到普遍的层面,只会在社会中激发起一种全民的竞争意识,将人们求权力的意志无限地扩张和放大。因此,竞争的结果往往并不会像达尔文所说的那样优胜劣汰,恰恰相反,弱者在大多数情况下会通过不高尚的手段淘汰掉强者。在历史上,"弱者总是一而再地凌驾于强者之上",之所以如此,是因为弱者往往"是大多数",他们善于抱团,而且"也更为精明"。④

生命就整体而言不是"贫困和饥饿",而是"富足,奢靡和甚至于荒唐的无节制挥霍"。⑤ 真正有天赋的人"必定是一位挥霍者","他的伟大就在于他的浪费",人们错以为他是不关心自我利益的英雄,然而,他只是出于自然的需要"向外喷发着,溢出着,不爱惜自己地消耗着"。⑥

挥霍者与为生存而斗争者的不同在于,他只有在不断的自我消耗和自我浪费中才能够保全自己。在尼采笔下,挥霍者也是自私的,但是他的自私不是一种基于贫困之上的自我保全,而是一种"不求回报"的豪奢与

---

① ［英］达尔文:《物种起源》,周建人、叶笃庄、方宗熙译,商务印书馆 1997 年版,第 75、94 页。
② KSA3, S. 585.
③ KSA3, S. 585.
④ KSA6, S. 120.
⑤ KSA6, S. 120.
⑥ KSA6, S. 146.

"赠予"。① 挥霍者渴望让"自己成为祭品和礼物",他们"迫使所有的东西都朝向自己,进入自己",以便这些东西能够成为"爱的赠礼",从自己这个源头再次"奔流回去"。② 也就是说挥霍者获取某件东西,并不是为了将之占为己有,而是为了让这件东西浸染上自己的爱,变成一件可以赠予出去的礼物。由于挥霍者的爱是一种自爱,那么当某件东西被挥霍者获取之后,它就打上了挥霍者的烙印,变成了挥霍者自己的东西。是挥霍者的爱让这件东西提升为他自己的东西,并进而提升为礼物的。只有礼物被送出,挥霍者的爱才能够得以最终的实现和完成。因此,当挥霍者的赠予和援助跟他人"有了交叉重叠",或者竟然"被他人抢先一步"时,他的自爱的实现和完成就受到了妨碍,于是他就会妒忌万分,艳羡不已。③ 基于以上分析,尼采认为,挥霍者的自私是"神圣的和完满无损的",而贫困者的自私则是"贪婪的"和"病态的",久病不愈的贫困者总是会感到饥肠辘辘,因此他们总是会惦念着要去偷窃点什么,将之据为己有。④

在此基础之上,尼采又进一步区分了两类受难的人,即因为生命力过于丰裕而受难的人和因为生命力过于匮乏而受难的人。⑤ 之所以说这些人是受难的,是因为他们有着或向外给予,或向外祈求的内在需要,并且这种内在需要永远也不会得到满足。

在生命力丰裕的人那里,一切可怕的破坏和否定都是被允许的,因为对于他们来说这些破坏和否定表达的不过是一种"生产和复建力量的过剩",而这种生产和复建力量"足以把每一片荒凉的沙漠变成肥沃的良田",⑥相反,对于生命力匮乏的人来说,因为他们自己无力对抗生存的困境,因而某种温暖的、能够慰藉人的东西就成为必需,这种温暖的、能够慰藉人的东西

---

　　① "我爱那位挥霍自己灵魂的人,他不愿意有所感谢,也不力求有所回报:因为他总是赠予,不求自我保全",见《查拉图斯特拉如是说·查拉图斯特拉的开场白》,KSA4, S. 17。

　　② KSA4, S. 98.

　　③ KSA5, S. 116.

　　④ KSA4, S. 98.

　　⑤ KSA3, S. 620;KSA6, S. 425.

　　⑥ KSA6, S. 426.

可以是上帝,可以是理念,当然也可以是人道主义。①

值得注意的是,生命力丰裕的人之所以接受破坏和否定,是因为其自身生产和复建的力量过剩,也就是说只有在生产和复建力量过剩的条件下,破坏和否定才是合理的和可接收的。对于生命力丰裕的人来说,破坏和否定首先是向内的,因为他只有先否定掉自身的个体性和有限性,否定掉建立在个体利益之上的价值观念,才能够将自己提升为一个不求回报的挥霍者和给予者。因此,接受破坏和否定,是人成为挥霍者的前提。

在尼采之前,像霍布斯、洛克、休谟、卢梭这样的哲学家,大都是从贫困的自然或者质朴的自然出发来构建自己的道德哲学。然而这样的一种做法往往会自觉或不自觉地把人放到自然的对立面,造成一种人与自然的对立。也就是说,这些哲学家必定会要么反对人类文明,认为人类文明是坏的、堕落的和有待被拯救的;要么反对自然,认为人类在自然状态中是野蛮的、纷争不断的和有待被超越的。

尼采在 1872 年写《荷马的竞赛》一文时就提出了人与自然同生共荣的观点,他认为人的属性与自然的属性"是不可分割地生长在一起的",而"人,就其至高等、至尊贵的威势而言,是彻底的自然"。② 但如果自然是贫瘠的,那么人以及人的自我保全行为就必定是反自然的。因为可获得的生存资源有限,自然人为了给自己争取更多的生存优势,必定会在寻求自我发展和扩张的过程中爆发出"大大小小的斗争",③而这些斗争恰好就体现了人类反对自然贫瘠的渴望。同时,由于在生存斗争阶段权力意志体现为攫取某种权力和获得某种利益的生命意志,④那么这同时也就意味着权力意志本身就是反自然的。然而矛盾的是,权力意志作为自然人的生存意志,其自身又必定具备自然性。那么,自然的东西又是如何能够反对自然本身呢?

为了避开这一思想难题,尼采尝试从过度丰裕的自然出发来构想他的

---

① KSA6, S. 426.
② KSA1, S. 783.
③ KSA3, S. 585.
④ "[……]为了获得权力,依照权力意志,这正是生命的意志啊",见《快乐的科学》,KSA3, S. 586。

哲学。如果自然是过度奢靡、过度丰裕的，那么人类的自我发展与自我扩张就不仅仅是出于自身的内在需要，同时也更是一种自然的外在需要。因为无论从人的角度来说，还是从自然的角度来说，发展与扩张都不过是一种自我耗散。同时权力意志作为求权力、求扩张的意志，它就不仅仅是人的意志，更是一种自然意志。确切地说，它是一种自我耗散、自我挥霍的意志。

但是在这里也会出现一个问题，即如果自然是过度丰裕的，那么人类的自私行为又是何以可能的呢？也就是说，倘若人类当初是生存在资源过剩的自然界，那么他们就完全没有自我保全的私利需要，而如果没有了这种私利需要，那么人超越动物，并继续寻求超越人的动力又会在哪里呢？

显然，尼采提出奢靡的、丰裕的自然，并不是说要否定人的自私和自爱。否则他也不会安排查拉图斯特拉下山去教导人们如何"爱自己"了。[1] 尼采承认在人类历史上出现过生死攸关的生存危机，[2] 但是他认为这种生存危机只是人类自己的危机，如果从自然的角度来看的话，有生之物的消亡不过是自然过度丰裕的一种特殊表现形式罢了。过度丰裕的自然具有一种自我挥霍和自我消耗的权力意志。在这种求挥霍、求消耗的意志的支配之下，自然人陷入否定和废除自我生命的危机当中。[3] 因此出于自我保全的需要，人就必须得从自然里区分出他自己。这种从自然里区分出自我的行为，就是自私。自私（selbstsucht），德语的字面意思是自我寻求，自我着迷。尼采认为，正是人类的这种自我寻求和自我着迷，让人一举超越了动物，变成为人。然而，人类的这种自我寻求和着迷，就其本质而言，是与自然求挥霍、求消耗的意志相矛盾的。因此，人就必须得再次提升自己，将权力意志逐步从追求某种权力和某种利益的生存意志，提升到追求自我消耗和自我挥霍的自然意志。

由于在尼采的眼中，道德的起源与人类的自我保全行为，即自私行为有

---

① KSA4，S. 242.

② 在《悲剧的诞生》中，尼采将原始人称为"狄奥尼索斯式的野蛮人"，将他们的生存秩序称为"恐怖的原始提坦神秩序"，在这一秩序中，人们被死亡欲所操控，陷入否定生命的自相残杀之中。

③ "绝佳至美的东西是［……］不要出生，［……］次等佳美的东西是赶紧死掉"，KSA1，S. 35.

关。那么很显然，道德所代表的就是人对于自然的一种背叛和疏离。在《善恶的彼岸》一书中，尼采也曾经说过，"与自由放纵相对而言，每一种道德都是一种对于'自然'的暴政"。① 但是，如果说道德真是反自然的暴政，那么，尼采又为什么会提出道德自然主义这样一个看似不可能的矛盾概念呢？

作为反自然的道德与道德自然主义

需要注意的是，尼采之所以说道德是对于自然的暴政，是相对于自由放纵而言的。自由放纵（laisser aller）是一个法语词，意思是任由事件发生或者无约束的自由。很显然，尼采在这里提到自由放纵，并不是想在道德领域里提倡一种反对教条戒律的无政府主义。他只是想借此来说明，道德不再是帮助人们进行超越的东西了，相反，它变成了人们追求继续超越的约束，或者确切地说，变成了阻碍人类进一步上升到自由状态的暴政。

尼采认为，任何的"自由机制一旦确立起来，自由就不存在了"，而所谓的自由主义，不过是懦弱的群居动物在对抗强者时寻找到的一种获胜方式，它试图"拉平高山与低谷"，并"暗中削弱权力意志"，致力于实现人类的卑贱化和"动物化"。② 那么，究竟什么才是尼采心目中真正的自由呢？ 自由是"具有自我负责的意志"，是对"那种区分你我的距离"的坚持，是"男性本能，喜战好胜本能占据支配地位"。③ 由此可见，尼采所认可的自由并不是自由放纵，而是有着男子气概的，勇于为自己的命运承担责任的一种存在状态。

既然尼采所认可的自由不是自由放纵，那么，相对于自由放纵而言的暴政，对于尼采的自由来说就不见得必定是暴政。尼采认为，道德起源于自私，而自私"可以是价值非凡的，也可以是粗鄙低贱和遭人厌弃的"，评判的关键就是要看它"体现的是生命的上行路线还是下行路线"。④ 如果一个人

---

① KSA5，S. 108.
② KSA6，S. 139.
③ KSA6，S. 139.
④ KSA6，S. 131.

的自私体现的是生命的上行路线,那么它就是健康的、价值非凡的;但如果一个人的自私体现的是下行路线,那么它就是粗鄙低贱和遭人厌弃的。

无论是上行路线还是下行路线,在生命中占据统治地位的都应该是追求私利的自爱原则。因此,尼采进而认为,当一个人或一国之民众的身上"自私自利开始匮乏的时候,最好的东西也就匮乏起来了",于是,利他主义的道德遮羞布就开始在社会上流行,利他主义是一种坏的、令人颓废的东西,因为它的本质就是在告诉人们,"我不再具有价值",生命本身"不再具有价值"。① 既然利他主义是一种衰败堕落的症候,那么它就不像以往所认为的那样,是对于利己主义的克服和超越,而是腐烂生命的毒素,是阻碍人们继续追求超越的暴政。由此可见,尼采所提到的反自然的道德,指的主要是利他主义道德,而迄今为止几乎所有的道德体系,都是或者以利他为原则,或者以利他为目标,构建起来的。

尼采认为,自然的、健康的道德就是体现了生命上行路线的利己主义道德。那么究竟什么才是生命的上行路线呢? 无疑,生命的上行路线是对下行路线的一种克服和超越。而下行路线是一条动物化的利己主义路线,走在这条路线上的人,以向外索求的方式来满足自我的私欲,也就是说,这些人只有依靠外界的补给才能够生存下去,他们处于一种没有独立意识的寄生状态;而上行路线则与之相反,走在上行路线上的人代表着生命进化迄今为止的最高形态,生命"借助他向前迈进了一步",在生命的上行过程中,追求私利的自爱原则并没有被抛弃,而是得到了前所未有的提升,此时,人不再是"服务于自我"的个体,也不再是封闭的"原子",更不是所谓的生命"链条中的一环",人就是"人类发展到他为止的一条完整的路线本身"。②

把人当成是一条路线,这表明了尼采是站在自然进化史的角度来思考人以及人的未来的。他认为,"人是一根连结在动物和超人之间的绳索",它"空凌于一道无底的深渊之上"。③ 值得注意的是,这条绳索在尼采的眼中

---

① KSA6,S.133-134.
② KSA6,S.132.
③ KSA4,S.16.

应该不是水平的。连接动物的那一端显然要比连接超人的那一端要低。至于这高低之间的纵向差距究竟有多少，尼采并没有明言。但是他却认为，人既然已经将自己提升为人，那就没有任何理由再朝着动物的阶段退化而去。退回去即意味着重新陷入否定生命、废除生命的原始循环当中。而甘守为人，则意味着提升的不彻底和不完全，同时也意味着脱离自然。因此，人只能要么朝着超人的彼岸"飞跃过渡"（Übergang），要么朝着无底的深渊"沉沦衰亡"（Untergang）。① 由此可见，尼采之前所描绘的那条绳索越往超人那一端应该是越陡峭的。正是这种陡峭性决定了不是所有的飞跃过渡都能使人成为超人，它也有可能会让人跌落深渊。由于人本身就是绳索，而并不是行走于绳索之上的生物，所以人远离动物之后的每一次上行，都会有一部分指向超人，一部分指向深渊，而且指向超人的那一部分永远只能是少数。因此，当那些处于飞渡过程中的绳索不能够到达超人的那一端时，就意味着这些绳索丧失了继续向上、向前攀升的可能。于是人就会从飞跃过渡者转变为沉沦衰亡者。但是尼采认为，即便是那些坠入深渊的沉沦衰亡者，也是值得我们赞赏的人，因为他们在自己的有生之年触摸到了生命的界限，他们的沉沦和衰亡最终会营造出能够养育和生长"超人的大地"来。②

　　从动物到人，再从人到超人，这是一个不断的自我扬弃、自我历练的过程。当人将自己提升到超人的阶段时，人就会再次与自然合而为一。只有进入这一新的自然状态中，权力意志在人类那里才会从一种求权力的攫取性意志，转变为一种求耗散的给予性意志。而相同者永恒轮回，也只有在这一新的自然状态里，才能通过给权力意志的自我耗散提供一种形式上的保障而彻底地获得自身的合法性。

　　那么，人究竟应该如何渡过那段最为陡峭的绳索，提升自己成为超人呢？或者换句话说，超人所要超越和能够超越人的到底是什么？尼采认为，所谓超人，首先并不是说要超越人身上所残余的动物性，而是要超越人的个体性和有限性。因为，如果自然是过度丰裕的，那么，人作为有限的个体，又

---

① KSA4，S. 17.
② KSA4，S. 17.

如何能够保障消耗自我的无节制和挥霍生命的无限度呢？因此，人如果想让自己配得上自然，就必须首先超越自己的个体性和有限性，将自己自然化，也就是说，将自己提升到人之上。

在1871年的手稿里，尼采集中探讨了作为个体的人是如何产生的这个问题。① 尼采认为个体的形成与人类的个体化冲动有关。而所谓的个体化冲动，即个体寻求自我，从自然、他人之中区分出自我的冲动。这种冲动最初的表现形式就是自私。正是自私促使人具备了特殊性，成为一个个体。因此，超人要超越人的个体性，其实就是要超越人的自私性。在这里尼采似乎陷入一种思想上的循环论证，即人要成为超人，就要超越自我的有限性和个体性，即超越人的自私性；然而要超越自私，超越有限性和个体性，人又必须得把自己提升为主张消耗和挥霍的超人。

在此，尼采用权力意志解决了这个循环论证的问题。也就是说，并不是人要超越，而是权力意志要超越。人只不过是权力意志的一个载体。权力意志要求人能够以消耗和挥霍的方式来实现它自己。人要回应权力意志的这一要求，就必须得提升自己，成为超人。因此，绝不能将超人的"我"理解成为个体化的"我"。超人作为新的自然人，他是自然的无私性和人类的有私性的统一结合。超人之所以称自己为"我"，是因为他要自爱；而超人的"我"又绝对不能是个体化的"我"，这是因为他的自爱同时也是一种自然。

基于以上分析，尼采认为，自然的、健康的道德就是"受生命本能所支配"的道德，②即符合生命上行路线的道德。符合生命上行路线的道德，就是尼采所说的道德自然主义。道德自然主义以自爱为原则，不断地追求生命的超越和进化。而超人就是道德自然主义进化到最高阶段时浮现出来的成果。尼采借助超人这样一种新的自然人，不仅为生命的未来寻找到了一个理想化的模板，也为人类的道德文化、社会风俗寻找到了一种新的理论上的可能。

---

① "个体（das Individuum）在希腊人那里究竟是从什么时候开始产生的"？尼采：《1869—1874年遗稿》，KSA7，S. 396。

② KSA6，S. 85.

尼采自然思想中的伦理维度

康德的"道德形而上学"无法彻底解决伦理实践的主动性问题,海德格尔的"存在学"无法明确界定自身的伦理维度,尼采试图让"自然"为伦理学奠基,但却没有解释何谓"自然",以及如何理解"自然"与"道德"之间的关系。笔者试图以尼采晚期思想为基础,重思"自然"为伦理学奠基的可能性。

伦理学的"奠基"问题

自亚里士多德以来,伦理学就被视为一门与实践有关的学问,后来康德将通俗的道德哲学改造成为道德形而上学,开启了德国伦理学的体系化进程。似乎伦理学只有奠基于形而上学之上(即把伦理学形而上学化),伦理的实践才具有合理性和可行性。其实在亚里士多德那里,伦理学与形而上学是两门侧重有所不同的学问。伦理学属于实践哲学,它关注的重点是"幸福生活"或者说"有德性的生活";而形而上学(Metaphysik)则属于理论哲学或者思辨哲学,它作为"物理学(physik)之后"关注的重点是物理学(自然科学)无法解决的问题,比如说"世界的本原"问题或者说"存在之为存在"的问题。因此,就亚里士多德的哲学分类而言,确实有实践哲学(如伦理学、政治学、诗学等)和理论哲学(如形而上学、逻辑学等)之分。^① 虽然亚里士多德的潜能与实现学说、四因说、范畴学说、灵魂学说等都在《尼各马可伦理学》中有所应用,但是他却无意依据此来为实践哲学奠基。因为亚里士多德认为人本质上是一种城邦动物,离开了城邦生活,丧失了城邦德性,那么人就不是人。^② 因此,实践哲学(伦理学、政治学)的根基在亚里士多德那里是不言自明的。在柏拉图哲学和基督教哲学那里更是如此。理念世界、上帝之城的存在就是伦理实践的根基,试图为伦理学奠基完全是多此一举的事情。然而到了近代,基督教的地位被动摇,怀疑主义兴起,伦理学或者说实践哲学的根基也就成为一个问题。伦理学关注的重点从"幸福生活"转向了道德规范。尼采认为这一转向其实在苏格拉底那里就已经开始了。苏格拉底之前,对古希腊人而言,德性是一种本能,幸福生活与德性本能有关,而与理性求知无关。但苏格拉底却试图用理性求知来拷问德性,在理性、德性、幸福之间画上了等号。^③ 笛卡尔试图通过"我思"来为近代认识论奠基,进而为实践哲学奠基。"我思"的本质即"我怀疑",通过肯定"怀疑"来确定"思"的不可怀疑,这本身就是一种奠基的做法。斯宾诺莎将上帝与自然一体化,其目的也无非是想为实践哲学(伦理学)奠基。康德秉持着严格的现象论立场,否定了"物自体"的可知性,同时,他继承了斯宾诺莎的遗产,把传统形而上学对"第一因(第一推动力)"的研究改造成为对"自因"的研究。如果说《纯粹理性批判》解决的是认识的"自因"问题的话(认知形而上学),那么《实践理性批判》解决的就是道德的"自因"问题(道德形而上学)。道德的"自因"问题即"人自己为自己立法"的问题。康德所谓的"道德形而上学奠基",^④其实不过是想把伦理学形而上学化。因为当上帝失去其道德约束力的时候,只有把伦理学变成形而上学,才能够保证道德的纯粹真实性和普遍有效性。尽管如此,尼采依然把康德称为"狡猾

---

① 关于亚里士多德"理论哲学"与"实践哲学"的论述可参见邓安庆:《"无形而上学的伦理学"之意义和限度——以亚里士多德〈尼各马可伦理学〉的三种论证为例》,《哲学动态》2011 年第 1 期。

② [古希腊]亚里士多德:《政治学》,吴寿彭译,商务印书馆 1983 年版,第 9 页。

③ KSA6, S. 69.

④ [德]康德:《道德形而上学奠基》,李秋零译,《康德著作全集》(第四卷),中国人民大学出版社 2005 年版,第 398 页。

的基督徒"。① 因为康德像基督教那样，区分了真实世界与虚假世界，并把真实世界（物自体）视为虚假世界（现象）的基础和根据。而"道德律令"就如同"上帝律法"一样，为人的道德实践赋予意义。

在尼采看来，伦理学之所以能够形而上学化，是因为形而上学本身具有道德特质。伦理学从来不是形而上学的附属之物，恰恰相反，形而上学才是伦理学的附属之物。形而上学的基础是价值判断，判断"真"的价值比"假"的价值要高，"本质"的价值比"现象"的价值要高，"存在"的价值比"不存在"的价值要高，彼岸世界（理念、上帝）的价值比此岸世界的价值要高。这种价值判断模式在形而上学出现之前就已经存在了。早期物种出于自我保全和自我发展的需要，必须对事物进行价值判断。判断事物是否有用，有用则有价值，无用则无价值。这就是一种基于物种本能的伦理判断。伦理一词除了风俗以外，还有习惯的意思。习惯不仅指社会惯例，还指个体的行为模式、情感模式以及价值判断模式。判断一种事物的价值比另一种事物的价值要高，这是基于物种本能的习惯。这种基于物种本能的习惯显然要比形而上学的习惯历史更为久远。因此，形而上学就其整体而言，是伦理学的一部分。传统形而上学的本质无非是道德形而上学，而伦理学的范畴则应该比道德形而上学的范畴要大得多。

由此，尼采试图通过自然史的视角来重构伦理学，试图用"自然"来为伦理学奠基。他之所以要提倡"反道德"和"非道德"，无非就是想从形而上学返回到伦理学（使道德去形而上学化）。在这一方面，海德格尔与尼采有所不同。海德格尔在 20 世纪 30 年代通过研究和批判尼采，发展出了自己的存在史观。海德格尔认为传统形而上学研究的是存在者（Seiende），而不是存在（Sein），这导致了存在本身被遗忘。于是，人与世界的关系以及人与人的关系就处于"无根"的状态。形而上学史即存在本身被遗忘的历史。因此，有必要从存在者返回到存在本身，重构"存在学"（Ontologie），让"存在学"为伦理学奠基。通过"存在学"，海德格尔把人与人的社会关系还原成了

---

① KSA6，S. 79.

人与世界的自然关系,并淡化了伦理学的实践特性。问题的关键是,如果伦理学丧失了实践特性,那么伦理学还是伦理学吗? 海德格尔给伦理学提出了一个难题,即如何从"存在"走向"道德"? 也就是说,如何能够确定"存在学"的伦理维度? 如何能够从道德实践的角度来谈论"存在者的存在"?

海德格尔的新"存在学"之所以区别于传统形而上学的旧"存在学",是因为海德格尔认为,传统形而上学继承的更多是柏拉图哲学的传统,而不是亚里士多德哲学的传统。柏拉图哲学追问的重点是"什么存在"(即追求"本质"——理念的优先性),而亚里士多德哲学追问的重点则是"如何存在"(即追求"实存"—潜能的实现的优先性)。因此,海德格尔通过重返亚里士多德,将传统哲学的"本质"优先改造成为"实存"优先。① 也就是说,海德格尔所谓的新"存在学"无非就是新的实存论哲学。海德格尔批判的形而上学主要是柏拉图主义(理念论)和近代主体形而上学(笛卡尔传统)。他对"存在之为存在"的研究更接近于亚里士多德。因此,并不能够简单地断言海德格尔的实存论哲学是一种"非形而上学"或"反形而上学",相反,与传统本质论哲学相比,海德格尔的实存论哲学的形而上学色彩也并不更淡薄。

尼采对形而上学的颠覆比海德格尔更为彻底。他认为,无论是本质论还是实存论,都是哲学家的虚构。存在史(形而上学史也属于存在史)是哲学家通过理性虚构出来的故事(Geschichte/Erzählung)。如何从虚构的故事返回到现实事实,这是哲学家面临的首要任务。因此,尼采才把诚实当作哲学家的第一德性。也就是说,尊重现实事实,不讲故事,是哲学家(形而上学家)最应该拥有的品质。尼采所谓的"回归自然",②无非是想从形而上学的哲学故事回归到现实事实。

因此,不能把"自然"视作认识的客观对象。自然在尼采那里代表的是一种绝对的现实性(Realität)。自然的现实性体现在权力意志和永恒轮回之上。权力意志是自然的爱欲,永恒轮回是自然的运动。如海德格尔所言,永恒轮回是对权力意志的最高肯定。但是,这种肯定不过是自然通过它的

---

① 孙周兴:《本质与实存》,《中国社会科学》2006 年第 6 期。
② KSA6,S. 150.

运动来肯定它的爱欲而已,也就是说,这种肯定是自然自己对自己的肯定。

尼采的自然伦理思想:以"自然"为伦理学奠基

把"自然"视作伦理学的根基,并非尼采原创。早期希腊人就曾通过"自然"来思考人与世界以及人与人的关系。比如赫拉克利特把自然的本质(或世界的本源)视作"永恒的活火",并由此推导出了"万物皆流"和"战争是一切之父和一切之王"①的伦理学观点;伊壁鸠鲁把古希腊人的神祇观等同于自然观,否定了神的客观存在,从而把伦理学奠基在自然欲望"快乐"之上,当然,"快乐"只有适度才是健康的和自然的,过度的快乐令人厌恶,因而既不健康,也不自然。如果说古希腊的自然概念预示了宇宙观与伦理观的统一,预示了自然的主要特征是现象的自我揭示、自我敞显,那么,到了现代,自然却成为一个有待被探索和发现的世界,一种科学研究的客观对象。自然被简化为物质材料的汇集或者自然规律的混编。也就是说,自然变成了一个与人类文明相对立的概念。人作为思维主体与自然客体相分离。无论是霍布斯、洛克,还是卢梭,都认为在自然与人类社会之间存在着一种紧张的对立关系。霍布斯、洛克以自然法为基础构想现代国家,卢梭以自然为模板构想现代人("爱弥尔"),都是试图消除和克服这种人与自然之间的对立。

这种紧张关系在尼采那里得到了继承。不过,尼采并没有像卢梭那样,将人类社会的文明史等同于"反自然"的堕落史。相反,他认为自然本身是有进化欲望的,也就是说,自然有其爱欲——权力意志。人类的出现就体现了自然的爱欲(权力意志)。也就是说,人类文明并不必然反自然,只有当人类文明欠缺权力意志时,它才是反自然的,或者说病态的。

尼采认为,权力意志的基础是自利意志。自利意志是人与动物、植物普遍享有的意志。道德的起源也与这种自利意志有关。如何理解生命的这种自利意志,如何处理这种自利意志与人的城邦生活之间的关系,长期以来都

---

① 〔加〕T.M. 罗宾森:《赫拉克利特著作残篇》,楚荷译,广西师范大学出版社 2007 年版,第66 页。

是哲学界关心的话题之一。在尼采之前，洛克、休谟、亚当·斯密等近代哲学家都曾经探讨过这方面的问题。

众所周知，古希腊哲学家比较关注人的高贵（好）与低贱（坏），基督教哲学家比较关注人的无辜（善）与罪恶（恶），而近代哲学家则在关注人的好与坏、善与恶的同时，还比较关注人的自私与无私。卢梭虽然坚持性善论，但他把人性本善的原因归结为"自爱"，其实就是归结为自私。卢梭讲社会契约论，而契约论的根基就是自私。如果人性无私，那么"契约"也就没有存在的必要了。马克思否定了私有制，其实就否定了"契约"存在的合理性。马克思讲人的解放，尼采讲超人，都是在讲如何超越人性的自私。尼采认为，自私是人的天性，改变天性，把自私变为无私，只会使生命扭曲，让人不自然。"不自然"或"反自然"在尼采那里是颓废和虚无的征兆，也是缺乏权力意志的征兆。[①]"不自然"的人即病人，是人的异化。人在尼采那里是"超动物"或"动物之上"（das Über-Thier），病人则不是动物之上。病人不只否定了人的"超动物"，更否定了人（生命）的超越本质。人如果否定了自己的超越本质，那么他又如何能够超越人，超越自利意志，成为"人之上"的超人（Über-Mensch）呢？

尼采认为，道德的公共性并不必然与利他意志相关。比如太阳不断地向外散发能量，这并不是说太阳想利他，而是说太阳本身内部能量过剩，必须要耗散。因此，自利意志也一样可以有公共性，自利意志也能够向外给予，而且这种给予还超越了对物质回报和荣誉的渴求。权力意志本质上是一种主动性的意志，但如果自利意志是要求占有和攫取的话，那么自利意志就与权力意志相矛盾。因为占有和攫取体现了生命有所欠缺、有所需要。有所欠缺、有所需要即意味着被动。尼采讲超人，就是想把被动的自利意志（占有和攫取）改造成为主动的自利意志（耗散和给予）。因此，道德在尼采那里重要的不是它的公共性，而是它的主动性。无论是价值判断也好，还是像太阳一样的挥霍耗散也好（赠予美德），都离不开主动性。在尼采看来，道

---

① 韩王韦：《尼采的"敌基督者"与"反自然"的虚无主义》，《哲学分析》2018 年第 3 期。

德的主动性和自利意志应该体现于人的"德性"（Tugend）之上。德性就其本质而言是一种杰出的"能力"或内在的"权能"（power），然而，基督教之后，德性却更多与律法规范关联了起来。① 从杰出的"能力"和内在的"权能"走向"律法规范"，即伦理实践从主动走向被动。

这种伦理思想史上的变化在中国亦可找到相似轨迹。孔子讲"人能弘道，非道弘人"②其实就是在讲伦理实践的主动性问题。"弘道"必须要主动。后来宋明儒学受到佛教和道教思想的影响，把儒学形而上学化，这种"弘道"的主动性就逐渐消失了。③

康德把伦理学形而上学化，其目的不在于"以人弘道"，而在于"以道弘人"。在康德那里，个体性（生命的特殊经验和特殊情感）并未得到应有的重视。在道德律这种绝对命令的强制下，自由不能成为生命的主题，而义务和责任才是生命的主题。康德的道德形而上学（义务论）无法从根本上改变伦理实践被动化的事实，相反，它只会强化这一事实。因此，让道德与形而上学脱离关系，或者说让伦理学去形而上学化，就成为尼采晚期的一个基本目标。"价值重估"和"未来哲学"两大任务都是围绕着这一目标而展开的。如果说价值重估是尼采对"旧价值"（传统形而上学和神学）的批判的话，那么未来哲学则是尼采对"新价值"（超人哲学）的营构。对"旧价值"的批判比较好理解，但什么是尼采所营构出来的"新价值"呢？尼采的"新价值"究竟新在什么地方？如果说虚无主义是"最高价值的自行贬黜"④的话，那么，尼采将"新价值"设立出来之后，又如何能够避免它的"自行贬黜"呢？

在尼采那里，未来哲学的"新价值"无疑建立在"自然"之上。由于自然要以永恒轮回的方式运动，所以自然即自然史。而且，由于自然有着权力意志这样的爱欲，所以自然史必定是一种自然进化史。尼采通过自然进化史来理解此岸世界（现实世界）。自然进化史大体分为三个阶段：原始的自

① 韩王韦：《尼采德性观探析》，《道德与文明》2017 年第 2 期。
② 程树德：《论语集释》（下册），程俊英、蒋见元点校，中华书局 2018 年版，第 1483 页。
③ 韩王韦：《一个能把善推远的共和国应该是什么样的》，《教育研究与评论》2012 年第 2 期。
④ KSA12，S. 350.

然、人的自然(人的"脱离自然"与"反自然"),以及超人的自然。这三个阶段之间有着黑格尔式的正-反-合辩证逻辑。"原始的自然"是正题,"人的自然"是反题,而"超人的自然"则是合题。尼采讲人是"绳索"和"过渡",①不过是因为自然进化到人这个阶段并没有结束,"人的自然"这个反题,还有待上升为"超人的自然"这个合题。显然,黑格尔所讲的精神的演化史,被尼采改造成为自然的演化史。可见,尼采虽然直接师承于叔本华和康德,但是黑格尔的辩证逻辑和历史观却会时不时在尼采的思想中游荡。尼采通过"自然进化史"解决了最高价值的设立问题。也就是说"价值"不存在于彼岸世界,而存在于此岸世界。在此岸世界中只有众价值(或复数价值),而没有最高价值("自然"并非最高价值,而是此岸世界的指称)。

尼采未来哲学的主要思路是"回归自然",然后以"自然"为基础来重塑德性。因此,"自然主义"和"德性主义"可以说是尼采未来哲学的两大面相。众所周知,摩尔(G. E. Moore)在《伦理学原理》一书中提出了一个颇具争议性的概念"自然主义谬误"(naturalistic fallacy)。那么,尼采的"回归自然"(道德自然主义)是否也属于这种谬误呢?

对摩尔"自然主义谬误"的批判以及对尼采的辩护

摩尔认为,"善"(good)是伦理学的主要考察对象。我们可以对"善的东西"下定义,但却不能够对"善本身"下定义。善是人所感知到的自然客体的特性,或者是人所感知到的超自然的形而上学客体(理念、上帝)的特性。当我们说"快乐""幸福"是"善",或者说"理念""上帝"是"善"的时候,我们要么是把自然客体的特性(善)与自然客体本身(快乐、幸福)相混淆,要么是把形而上学客体的特性(善)与形而上学客体本身(理念、上帝)相混淆。这种概念上的混淆就是摩尔所谓的"自然主义谬误"。如果我们习惯于用自然客体(快乐、幸福)或形而上学客体(理念、上帝)来定义善,那么自然客体或形而

---

① KSA4, S. 16 - 17.

上学客体就必然会具备价值判断的属性,于是,伦理学研究的重心就会从"善"的考察转移向"客体"(快乐、幸福、理念、上帝等)的促成和实现。"什么是善"这个问题就会被偷偷地置换成"如何实现快乐和幸福"或者"如何接近理念和上帝"。①

如果赞同摩尔的分析的话,那么哲学史就会变成"自然主义谬误"史,甚至摩尔自己也很难彻底摆脱这一谬误。问题的关键是摩尔所秉持的自然观是一种科学的产物。他把"自然客体"看作是一种纯然客观的事实,而把"善"看作一种主观判断的价值。他主张事实与价值应该分立,事实的研究属于自然科学和形而上学,而价值的研究则属于伦理学。传统哲学家的谬误在于把事实与价值不当地混淆在了一起。

需要注意到的是,摩尔其实关心的并不是伦理实践和伦理生活,相反,他关心的只是伦理知识(伦理学的基本原理)。如果说康德探究的是科学的形而上学如何可能的话,那么摩尔就是想探究科学的伦理学如何可能。因此,摩尔拒绝将德性、幸福、道德规范视为伦理学的议题,同时也拒绝康德的道德形而上学立场。他认为科学的伦理学的基本问题就只有一个:"善是什么"。伦理学的目的在于分析语言学层面的"善"的知识,而不是社会学层面的"善"的实践。

在这里,摩尔涉及两个关键性的问题:一是能不能以科学的方式来理解自然;二是能不能把伦理学当作是一门科学。对于这两个问题,摩尔持肯定性的看法,而尼采则会持否定性的看法。近代以来,自然被"祛魅"了,成了客观的认知对象(事实)。人站到了自然的对立面。比如,光的颜色被客观化为波长,这在科学家的眼中看来是一种事实,光的波长通过人的视觉系统和神经系统处理之后,才有了红、橙、黄、绿、青、蓝、紫的颜色感知。人的内在感知和客观事实之间似乎存在着一种难以调和的矛盾与紧张。因为人在情感上不愿意接受一个单调而又了无生趣的自然(科学化的客观自然)。如果把自然"祛魅"了,那么生命的"祛魅"还远吗(或者说单调而又了无生趣

---

① [英]乔治·摩尔:《伦理学原理》,长河译,上海人民出版社 2005 年版,第 13—15 页。

的生命还有意义吗)？尼采认为，要解决生命的意义问题，就必须为自然和生命重新施魅。人需要的不是事实(科学和形而上学)，而是意义(艺术和伦理学)。因此不能把伦理学变成一门科学。伦理学重要的不是伦理知识，而是伦理实践。而且伦理的实践问题也不能够被简单地还原成逻辑问题和语言问题。尼采作为一位古典语文学家，虽然曾经尝试从语言和逻辑的层面分析道德，①尝试把传统哲学问题和宗教问题归结为人的语言问题和逻辑问题，但是尼采的这种分析只是他的"价值重估"，而不是他的"未来哲学"。"未来哲学"在尼采那里绝不是什么逻辑学或者语言哲学。尼采从《悲剧的诞生》开始就不认为语言和逻辑能够接近世界的本质。音乐，准确地说是酒神音乐才是艺术通往"太一"(Ureinen)的桥梁。而语言(抒情诗)不过是对于音乐的"全力模仿"。②把尼采当作逻辑学家和语言学家是后世学者(尤其是英美分析哲学界)的误解。对尼采的"未来哲学"而言，伦理实践的重要性要远远大于伦理知识。因此，"未来哲学"关注的核心问题应该是什么样的伦理实践才有价值，而不是"善是什么"。

众所周知，"哲学与艺术之争""哲学与宗教之争""哲学与政治之争"和"古今之争"是西方思想史的四大主题。尼采在思考这四个主题时，并不是简单地用艺术来反对哲学，用"真"哲学来反对"假"哲学(宗教、政治)，用古(前苏格拉底哲学)来反对今(启蒙哲学)，相反，他是想在此基础之上建立一种新的未来哲学。这种新的未来哲学的核心是"超人"。而超人追求的则是一种艺术化的伦理实践方式。

早期的古希腊人信奉自然神，比如宙斯是雷神，阿波罗是太阳神，波塞冬是海神等，因此奥林匹斯山神祇代表的是古希腊人的自然观，而"神人同形同性"表达的则是古希腊人早期的一种贴近自然的实践方式；苏格拉底出现之后，理性乐观主义开始盛行，贴近自然的实践方式逐渐被科学的实践方式所取代；耶稣基督试图通过"神人一体"(道成肉身)来恢复早期犹太人的

---

① KSA1, S. 873 – 890.

② KSA1, S. 49.

宗教经验（即上帝与自然一体化的礼拜经验），然而基督门徒（比如保罗）却误解了基督，他们把"神人一体"看成是耶稣基督的特权。① 无论如何，基督的"神人一体"本质上表达的还是一种宗教的实践方式；尼采主张"超人"并不是想简单地回到古希腊，回到苏格拉底之前，也不是想简单地批判和否定苏格拉底以来的科学实践方式（理性乐观主义）和耶稣基督以来的宗教实践方式（保罗主义），而是想以自然的爱欲"权力意志"和自然的运动"永恒轮回"为基础，提出一个根本性的伦理学观点：伦理实践不应该更接近于科学和宗教，而应该更接近于自然和艺术。

尼采晚期试图以"自然"为核心来思考"德性"，并进而把德性理解成为一种生命的内在权能；在此基础之上，他又试图以"德性"（生命的内在权能）为核心来思考伦理实践，并试图以此来解决伦理实践的主动性问题。尼采的这种"自然"和"德性"双核心的伦理思想，不仅为我们反思当下的理性乐观主义和科学乐观主义提供了理论依据，更为我们当前的道德建设和道德修复提供了值得借鉴参考的思想资源。

---

① 韩王韦：《尼采的"敌基督者"与"反自然"的虚无主义》，《哲学分析》2018 年第 3 期。

附 录

《悲剧的诞生》导读

《悲剧的诞生》导读一：
狄奥尼索斯、太一与艺术形而上学

狄奥尼索斯与太一

在《悲剧的诞生》中，尼采把"太一"（das Ur-eine）或"真正的存在者"（das Wahrhaft-Seiende）视作世界之本质。① "太一"是"永恒受苦和充满矛盾的东西"。② 它需要通过表象或假象（der Schein）来实现自身。假象"令人迷醉""让人欢乐"，③但作为"一种在时间、空间和因果性中持续生成的东西"，它却是"真正的非存在者"（das Wahrhaft-Nichtseiende）。④ 正是这种不断生成的非存在者为我们提供了某种"经验实在性"（empirische Realität）。⑤ 如果说所有经验与表象都是幻景的话，那么，阿波罗的"梦"就是幻景中的幻景，假象中的假象（der Schein des Scheins）。⑥ 梦是"假象的原始欲望的更高满足"。⑦

个别化和具体化的假象使太一置身于"杂多"之中，与其作为"一"的本

---

① KSA1，S. 38.
② KSA1，S. 38. 中译本：［德］尼采：《悲剧的诞生》，孙周兴译，商务印书馆 2012 年版，第 37 页。
③ KSA1，S. 38 – 39.
④ KSA1，S. 39. 中译本：［德］尼采：《悲剧的诞生》，孙周兴译，商务印书馆 2012 年版，第 37 页。
⑤ KSA1，S. 39. 中译本：［德］尼采：《悲剧的诞生》，孙周兴译，商务印书馆 2012 年版，第 37 页。
⑥ KSA1，S. 39.
⑦ KSA1，S. 39. 中译本：［德］尼采：《悲剧的诞生》，孙周兴译，商务印书馆 2012 年版，第 37 页。

质格格不入。也就是说,假象之杂多使太一远离自身,变得不再是太一。所以,太一要成为自己,就得依靠狄奥尼索斯冲动。狄奥尼索斯冲动体现了太一"打算最终成为一的意志"。①

显然,尼采这里糅合了黑格尔与叔本华的思想。一方面,太一在功用上有点类似于黑格尔的绝对精神或绝对理念:绝对精神为存在提供了一种决心或意志,让存在可以"在起来,是起来"。② 正因有了绝对精神所提供的决心和意志,存在才会有意向让自己存在或者不存在。另一方面,尼采也像叔本华那样,认为世界的本质是矛盾和痛苦的。太一处于绝对的矛盾和痛苦之中。为了解决自身的矛盾与痛苦,太一必须以表象的方式显现自身。太一具有狄奥尼索斯和阿波罗两种原始冲动。狄奥尼索斯冲动传达了太一的本质为一,而阿波罗冲动则传达了太一必需外化为多。狄奥尼索斯冲动比阿波罗冲动更为本源,因为狄奥尼索斯冲动是"提坦式的"和"野蛮的",③其本质就是要否定生命,回归太一。

对于人这样的"有生之物"(das lebendige Wesen)而言,狄奥尼索斯冲动可以分为两个层次。第一个层次是原始的动物层次,与之相应的是以毁灭生命为第一原则的"恐怖的原始提坦神秩序",我们可以称之为无秩序的秩序。为了应对该恐怖秩序,希腊人依靠阿波罗冲动,营造出了一个"欢快的奥林匹斯山诸神秩序"。诸神间虽有不和与争斗,但他们大体上还是各居其位、各司其职的。诸神为希腊人树立了可效仿的榜样。正是由于奥林匹斯山诸神秩序的确立,希腊人才习得了交往上的礼仪,懂得了举止上的进退。狄奥尼索斯冲动在这个欢快秩序中升华到第二个层次,即文明的艺术层次。

奥林匹斯山诸神秩序的确立,使希腊人沉溺于阿波罗的梦幻世界(个别化、具体化的假象之假象世界),淡忘了生命的痛苦本质。太一"打算最终成为一的意志"受阻。于是,狄奥尼索斯冲动就以一种节庆的方式表现出来。

① KSA1, S. 566.
② 邓晓芒:《邓晓芒讲黑格尔》,北京大学出版社 2006 年版,第 18 页。
③ KSA1, S. 40.

在酒神节里，人们借狂欢来表达回归太一的欲望，心甘情愿地将痛苦当作一种周而复始的艺术来把玩和享受。

狄奥尼索斯冲动与太一的关系如图所示。

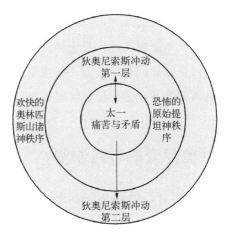

狄奥尼索斯冲动第一层表现的是对生命的彻底否定，即生命刚从太一中外化出来就被回归太一的死亡欲所支配和操控。[①] 生命通过否定自身（个体化），来否定杂多表象的合理性。而当狄奥尼索斯冲动上升到第二层，生命就不再被毁灭欲支配，而是沉醉于艺术实践（美学体验）的快感当中，使个体价值得到肯定。

尼采在《悲剧的诞生》里转述过这样一个传说：佛吕吉亚国王弥达斯捕捉到了酒神同伴林神西勒尼，并强迫其回答，"对于人类来说，绝佳至美的东西是什么"。西勒尼尖笑着道，对你们而言，绝佳至美的东西就是"不要出生，不要存在，成为虚无"，而次等佳美的东西就是"赶快死掉"。[②] 林神智慧传达的就是狄奥尼索斯的第一层冲动：直接死亡，回归太一。

当阿波罗精神在希腊城邦发展成为一种教义，狄奥尼索斯冲动就进入第二层次。于是，希腊酒神节随之诞生。尼采早期主要是通过酒神节及相关艺术形式（譬如古希腊音乐剧）来把握狄奥尼索斯这个形象，然而到了晚期，他却试图把狄奥尼索斯理解为一种改变日常生活、引领文明发展方向的精神力量。

在《偶像的黄昏》里，尼采说：

　　肯定生命，哪怕是在它最异样最艰难的问题上；生命意志在其最高

---

　　① 在图中，狄奥尼索斯冲动第一层与太一的关系是双向箭头的关系，即它刚从太一里外化出来就意图要回归太一。而狄奥尼索斯冲动第二层与太一却是单向箭头的关系。这表明在这个层面生命获得了肯定，不再被死亡欲所支配。

　　② KSA1，S. 35. 中译本：［德］尼采：《悲剧的诞生》，孙周兴译，商务印书馆 2012 年版，第 32 页。

类型的牺牲中,为自身的不可穷竭而欢欣鼓舞——我称之为酒神精神,
我将此视作通往悲剧诗人心里的桥梁。①

在狄奥尼索斯成为一种肯定生命的精神力量之前。梳理狄奥尼索斯与
阿波罗的关系依然是破解尼采早期思想的关键。

狄奥尼索斯与阿波罗

在《悲剧的诞生》里,狄奥尼索斯与阿波罗是两种自然的艺术本能
(Trieb)。它们"不需要人类艺术家那样的中介"。② 要理解它们,首先就得
"将其设想为由梦(Traum)和醉(Rausch)构成的两个分离的艺术世界"。③
也就是说,尼采将狄奥尼索斯与阿波罗的对立看成是两种与身体相关的生
理现象的对立,即醉与梦的对立。

"每个人在梦境制造方面都是标准的艺术家。"④人习惯于在梦境这样
的假象世界里寻找一种现实性(Wirklichkeit)。他们在梦的现实中为自己
的存活找到了理由。然而,"即便在梦的现实性最为活跃的时候,我们仍然
会对它的假象有着朦胧的感觉"。⑤ 梦的现实性不是真的现实性。在梦的
现实性背后隐藏着另外一种现实,即"醉"的现实。

叔本华将人类区分以上两种现实性的天赋视作"哲学才能的标志"。⑥
也就是说,只有那些有哲学才能的人才能洞悉"梦"的实情。尼采赞同叔本
华的看法,并认为,只有那些"对艺术敏感的人"(der künstlerisch erregbare
Mensch)才能真正洞悉梦的现实性与醉的现实性之间的区别。因为,他们
所经验到的,"绝非只是一些适意而友好的形象:还有严肃的、忧郁的、悲伤
的、阴沉的东西,突然的压抑,偶然的戏弄,焦虑的期待,简言之,生命的整个

---

① KSA6, S. 160. 中译本:[德]尼采:《悲剧的诞生:尼采美学文选》,周国平译,上海人民出
版社 2009 年版,第 425 页。

② KSA1, S. 30.

③ KSA1, S. 26. 中译本:[德]尼采:《悲剧的诞生》,孙周兴译,商务印书馆 2012 年版,第 20 页。

④ KSA1, S. 26. 中译本:[德]尼采:《悲剧的诞生》,孙周兴译,商务印书馆 2012 年版,第 20 页。

⑤ KSA1, S. 26.

⑥ KSA1, S. 27. 中译本:[德]尼采:《悲剧的诞生》,孙周兴译,商务印书馆 2012 年版,第 21 页。

'神曲'，连同'地狱篇'，都被招来在他的身上一掠而过，这并非只像一出皮影戏——因为他就在这戏剧场景里生活，并与之一道受难受苦"。① 唯有对艺术敏感者才能在日常生活的欢快表象背后发现人事的悲伤和命运的无常，并将自己的存在视作一种受苦受难。他能从人的内在本质里发现一种"梦境体验的快乐必然性（die freudige Nothwendigkeit der Traumerfahrung）"。② 只有梦境体验的快乐，才能让人在这杂乱无章的表象世界当中存活，并且愿意继续存活。

对艺术敏感者不仅能体验梦境的快乐，还能够洞悉这一快乐的假象本质，发现其背后掩盖的荒谬与痛苦。唯有在酒神节中，人才会体验到醉之现实。他们纵酒高歌，以一种癫狂的状态打破了阿波罗的假象秩序。在癫狂状态中，人彻底忘却自我，不再把大自然看成是需要提防和有待被征服的对象。不仅人与人团结了起来，甚至人与自然也消除了矛盾。万物由杂多走向了统一。在酒神魔力下，太一完成了自我实现的目的。阿波罗梦幻世界被撕成碎片，飘零于神秘的太一面前。③

为了进一步分析狄奥尼索斯现象（das Phänomen des dionysischen）和阿波罗现象（das Phänomen des apollinischen），尼采还从叔本华那里借用了"个体化原理"（principii individuationis）概念。对叔本华而言，意志就像康德的物自体一样，无法被认知，能认知的只有表象世界，以及在表象世界中以空间和时间形式存在的事物。个体化原理即事物的存在形式，换言之，个体化原理即时间与空间。④ 尼采在《悲剧的诞生》里引用了叔本华的一段话，来讲述个体化原理之功效：

> 一位水手驾着小船行驶在狂怒的大海上，大海无边无际，如山峰一般的巨浪咆哮着上下翻腾，水手只好信赖身下那脆弱不堪的交通工具；同样的，孤独的人安身于充满苦难的世界之中，只好依靠和信

---

① KSA1, S. 27.
② KSA1, S. 27. 中译本：[德]尼采：《悲剧的诞生》，孙周兴译，商务印书馆2012年版，第22页。
③ KSA1, S. 29 - 30.
④ [德]叔本华：《作为意志和表象的世界》，石冲白译，杨一之校，商务印书馆1982年版，第168页。

赖个体化原理。①

阿波罗庄严的神像是个体化原理的具象化。就像小船在风暴中为水手提供慰藉一样,阿波罗也为人的安身立命提供慰藉。他"作为一切造形力量的神,同时也是预言神。按其词源来说,他是'闪耀者或发光者(Scheinende)',是光明神,他还掌管着内心幻想世界的美的假象"。② 阿波罗是一股让混沌世界变得有序的力量,他为世人带来秩序和光亮。经过阿波罗的洗礼,人对空间和时间的感知力就会得到巩固与加强。尽管阿波罗貌似功德无量,神威无边,但尼采还是敏锐地发现,在其假象世界外围,存在着"一条柔弱的界线"。③ 如果逾越这条界线,那么阿波罗假象的欺骗性就会暴露出它的粗鄙来。这条界线对阿波罗而言是不可或缺的。因为在其神性里,就应当有这么一种恰当的自我克制。日神形象因恰当的自我克制才显现出一副宁静、智慧的面容。"他的眼睛必定是'太阳般发光的',即便在流露愤怒而不满的眼神时,它也依然沐浴在美的假象的庄严之中。"④

然而,在这庄严、宁静的幻觉与假象背后,或在阿波罗为自己的神威所设定的界限范围之外,涌动着的却是令人惊恐的世界本质。狄奥尼索斯冲动与之息息相关。狄奥尼索斯通过否定阿波罗来定义自身。当人"突然对现象的认知形式产生怀疑时,他就会感到无比的恐惧"。⑤ 而与这一恐惧相伴的,还有因个体化原理的崩溃而从心底升腾起的狂喜(Verzückung)和陶醉。在狂喜和陶醉之中,"我们就能洞察狄奥尼索斯之本质"。⑥

如果说阿波罗要求人们通过视觉,通过理智来认知;那么狄奥尼索斯就要求人们通过身体,通过体验来认知。在酒神节里,人的感官体验达到了顶

---

① KSA1, S. 28. 中译本:[德]尼采:《悲剧的诞生》,孙周兴译,商务印书馆 2012 年版,第23—24 页。叔本华原文:[德]叔本华:《作为意志和表象的世界》,石冲白译,杨一之校,商务印书馆 1982 年版,第 483—484 页。

② KSA1, S. 27. 中译本:[德]尼采:《悲剧的诞生》,孙周兴译,商务印书馆 2012 年版,第 22 页。

③ KSA1, S. 28. 中译本:[德]尼采:《悲剧的诞生》,孙周兴译,商务印书馆 2012 年版,第 23 页。

④ KSA1, S. 28. 中译本:[德]尼采:《悲剧的诞生》,孙周兴译,商务印书馆 2012 年版,第 23 页。

⑤ KSA1, S. 28. 中译本:[德]尼采:《悲剧的诞生》,孙周兴译,商务印书馆 2012 年版,第 24 页。

⑥ KSA1, S. 28. 中译本:[德]尼采:《悲剧的诞生》,孙周兴译,商务印书馆 2012 年版,第 24 页。

峰，人不再追求对表象的认知，相反，他们通过感官直接体验"太一"。或许有那么一些人，因为"感官迟钝或欠缺实践经验"，将酒神节视作一种唯恐避之不及的"民间病"(Volkskrankheit)。但这些可怜虫(die Armen)眼中所谓的"健康"，对于狄奥尼索斯狂欢者来说，不过是行尸走肉为逃避酒神激情，大言不惭地向世人标榜自己幽灵般的尸色罢了。①

狄奥尼索斯与阿波罗的对抗，不仅是狂醉的意志与梦幻的表象之间的对抗，更是"同一"与"差异"之间的对抗。狄奥尼索斯冲动致力于实现一个大同的无序世界，而阿波罗冲动则致力于实现一个有差等的秩序世界。

尼采显然有贩卖叔本华理论之嫌。对叔本华来说，世界的本质是意志，而表象则是意志为了认识自己而差异化出来的东西。意志是一，表象是多。从这个方面来说，把尼采的阿波罗和狄奥尼索斯理解成叔本华表象与意志的文学翻版，也不无道理。但正如努斯鲍姆(Nussbaum)在《醉之变形：尼采、叔本华和狄奥尼索斯》一文中所言，尼采"用叔本华自己的词汇破坏了叔本华的区分和论证，表面上借用他的语言，实际上却颠覆了他的思想核心"。② 在叔本华那里，意志是一切痛苦的根源。表象虽能暂时让人忘却痛苦，但表象的破灭却会给人带来更大的痛苦。因此，如何摆脱意志带来的痛苦，是叔本华至为关心的。但在尼采眼中，当阿波罗幻象失效，个体化原理崩溃时，狄奥尼索斯激情就复苏了。痛苦并不一定是非要摆脱的东西，相反，它可能会成为刺激人艺术细胞的一剂良药。

尼采早期试图以此为基础构建自己的艺术形而上学，从而构想一个艺术的大同世界。

狄奥尼索斯与艺术形而上学

尼采曾说《悲剧的诞生》的使命是，要"用艺术家的透镜来看科学，而用

---

① KSA1，S. 29. 中译本：[德]尼采：《悲剧的诞生》，孙周兴译，商务印书馆 2012 年版，第 25 页。
② [美]努斯鲍姆：《醉之变形：尼采、叔本华和狄俄尼索斯》，《尼采与古典传统续编》，田立年译，华东师范大学出版社 2008 年版，第 450 页。

生命的透镜来看艺术"。① 也就是说,科学靠不靠谱还得艺术家说了算,而艺术靠不靠谱还得拥有生命意志的人说了算。

科学一旦离开艺术,就会陷入粗鄙的乐观主义。如果说阿波罗冲动是一种理性直观能力的话,那么科学(粗鄙乐观主义)就是这种理性直观能力的蹩脚实现。它背弃了阿波罗身上应该有的自我克制,以"理性"为名肆意打量世界,不仅破坏了表象世界的美好,还枉费了内在生命的激情。它再怎么一本正经地包装自己,其实质也不过是种三流骗术,必然会走向生命的对立面。

而艺术"是严肃生命的最高使命,是这类生命实际的形而上学活动。对'此在之严肃(Ernst des Daseins)'来说,艺术绝非'可有可无',绝非'某种搞笑的无关紧要的东西'"。② 相反,艺术应该是一种与人类生存相关的形而上学活动。在《悲剧的诞生》中,尼采还将这种活动称作"审美形而上学"(aesthetische Metaphysik),③并试图从艺术审美的角度重新界定天地(世界)与人(命运)的关系。

艺术形而上学在狄奥尼索斯艺术(抒情诗和音乐剧)中表现得最为明显。尼采把阿尔基洛科斯(Archilochus)④跟荷马并列,尊其为希腊诗歌的两大鼻祖之一。⑤

在荷马时代,阿尔基洛科斯是个异类。荷马是"阿波罗式素朴艺术家的典范"。⑥ 他的出现意味着,"阿波罗幻相的彻底胜利"。⑦ 而阿尔基洛科斯却是位狄奥尼索斯式艺术家,他时常在诗歌中表达自己的恼怒与憎恨。在阿尔基洛科斯"狂野"且"充满激情的"头脑面前,荷马宛如一位"沉湎于自身

　　① KSA1, S. 14. 中译本:[德]尼采:《悲剧的诞生》,孙周兴译,商务印书馆2012年版,第5—6页。
　　② KSA1, S. 24. 中译本:[德]尼采:《悲剧的诞生》,孙周兴译,商务印书馆2012年版,第18页。
　　③ KSA1, S. 43. 中译本:[德]尼采:《悲剧的诞生》,孙周兴译,商务印书馆2012年版,第43页。
　　④ 阿尔基洛科斯(Archilochus),公元前680年左右出生于帕罗斯岛,公元前645年左右去世,古希腊抒情诗人,对于希腊悲剧与早期喜剧有较大影响。
　　⑤ KSA1, S. 42.
　　⑥ KSA1, S. 42. 中译本:[德]尼采:《悲剧的诞生》,孙周兴译,商务印书馆2012年版,第42页。
　　⑦ KSA1, S. 37.

的年迈的梦想家"。① 后人把荷马称为客观艺术家,而把阿尔基洛科斯称为主观艺术家。② 这样的脸谱化解读在尼采看来幼稚可笑:人们习惯于把主观艺术家视作"糟糕的艺术家"。"如果没有客观性,没有纯粹的无利害的直观,就不能相信有哪怕最微不足道的真正的艺术生产。"③

那么,"抒情诗人作为艺术家何以可能呢"?④

席勒讲过,"某种音乐性的情绪在先,接着我才有了诗意的理念"。⑤ 尼采赞同这种说法。对阿尔基洛科斯这样的酒神艺术家而言,"抒情诗人与音乐家的一体化"⑥是件非常自然的事情。

酒神艺术家在创作时"与太一及其痛苦和矛盾完全一体",他们以太一为摹本,制作音乐,并将之表达出来。⑦ 太一的原始痛苦"在音乐中无形象无概念地再现"。⑧ 在这个过程中,抒情诗人"已经放弃了自己的主观性",他们的"'自我'是从存在之深渊中发出来的声音:现代美学家所讲的抒情诗人的'主观性',是一种虚幻的想象"。⑨ 抒情诗人的自我是"依据于万物之根基"⑩(太一)的自我。因而现代美学家(譬如黑格尔)的主客观评价标准并不适用。

叔本华认为,抒情诗人在表达个人意愿的同时,还会在某个瞬间"意识到自己乃是纯粹的、无意志的认知主体"。⑪ 这表明抒情诗人是个人意志与世界意志的混合体。因而,在叔本华那里,抒情诗人是自我矛盾的和不完满的。抒情诗人身上的这种自我矛盾和不完满透露出抒情诗不过是"半拉子

---

① KSA1, S. 42.
② 比如黑格尔在《美学》中就用客观艺术与主观艺术来区分史诗和抒情诗。中译本:[德]尼采:《悲剧的诞生》,孙周兴译,商务印书馆 2012 年版,第 42 页。
③ KSA1, S. 43. 中译本:[德]尼采:《悲剧的诞生》,孙周兴译,商务印书馆 2012 年版,第 42 页。
④ KSA1, S. 43.
⑤ KSA1, S. 43. 席勒 1796 年 3 月 18 日曾写给歌德一封信,信中谈及自己的创作经验。
⑥ KSA1, S. 43.
⑦ KSA1, S. 43 - 44.
⑧ KSA1, S. 44. 中译本:[德]尼采:《悲剧的诞生》,孙周兴译,商务印书馆 2012 年版,第 44 页。
⑨ KSA1, S. 44. 中译本:[德]尼采:《悲剧的诞生》,孙周兴译,商务印书馆 2012 年版,第 44 页。
⑩ KSA1, S. 45. 中译本:[德]尼采:《悲剧的诞生》,孙周兴译,商务印书馆 2012 年版,第 45 页。
⑪ KSA1, S. 46. 中译本:[德]尼采:《悲剧的诞生》,孙周兴译,商务印书馆 2012 年版,第 46 页。

艺术",而抒情诗人也不过是半拉子艺术家。① 尼采不同意叔本华的观点。他认为叔本华关于抒情诗人的看法,表明他依然局限于旧有的美学评价标准之内,依然试图用主客观对立来划分艺术。

用主客观的对立来划分艺术,表明了人习惯于将自己看成艺术世界的创造者。然而,对艺术世界的真正创造者"太一"来说,人类所谓的艺术创造,不过是一种"艺术投影"罢了。关于"艺术世界的真正创造者",尼采有时候还会将之称为"世界的原始艺术家"(Urkünstler der Welt)。只有当艺术家在艺术生产活动中与世界的原始艺术家融为一体时,他才会对艺术的形而上学本质略有所知。也就是说,只有与太一融为一体,艺术家才会跳出主观与客观的框架,转而投身到艺术的大同世界中来。而所谓的艺术大同世界,就是以太一的自我实现为旨归的艺术世界。只有在这个大同世界里,艺术家才能"既是主体,又是客体,既是诗人和演员,又是观众"。②

音乐悲剧(die musikalische Tragödie)是最能体现艺术大同这一理想的艺术形式。因为在这类艺术中,"无论是阿波罗的艺术意图还是狄奥尼索斯的艺术意图,都得到了极致的发挥"。③

阿波罗与狄奥尼索斯分别代表着人类的两种直观能力,即理性直观能力与非理性直观能力。理性直观能力是一种从大自然中区分出自我的能力,而非理性直观能力则是一种忘却自我,直接洞悉太一的能力。狄奥尼索斯的非理性直观能力,说到底就是一种对于整体和原始的"一"的直觉。

英国学者基托(Kitto)认为,希腊人拥有一种"将万物看作一个整体的直觉"。④ 这种整体直觉在酒神狂欢节上体现得最为明显。在酒神节里,不存在灵与肉、你与我的区分,一切生命乃至人与自然都结成一个统一整体。这种整体直觉可以帮助人发现艺术的形而上学本质,从而感受到太一。

尼采对悲剧的重视受到叔本华的影响。比如叔本华就认为,如果单从

---

① KSA1, S. 47. 中译本:[德]尼采:《悲剧的诞生》,孙周兴译,商务印书馆 2012 年版,第 47 页。

② KSA1, S. 48. 中译本:[德]尼采:《悲剧的诞生》,孙周兴译,商务印书馆 2012 年版,第 48 页。

③ KSA1, S. 150. 中译本:[德]尼采:《悲剧的诞生》,孙周兴译,商务印书馆 2012 年版,第 171 页。

④ [英]基托:《希腊人》,徐卫翔、黄韬译,上海人民出版社 1998 年版,第 223、227 页。

摆脱痛苦这个角度来说，悲剧是所有艺术形式中效果最为明显的。因为它通过表现灾难和不幸，让人认识到世界的本质，促使他们以亲近艺术的方式远离意志，从而摆脱痛苦的纠缠和干扰。与叔本华不同的是，尼采通过狄奥尼索斯这个形象，向世人宣告，悲剧不是教导人们放弃生命，忘却痛苦；相反，它教导人正视自己的存在，热爱自身的命运。①

　　总之，尼采在考察悲剧起源的过程中，试图构想一个艺术的大同世界。在这个大同世界里，形而上的审美体验不仅是评判艺术优劣（区分阿波罗艺术和狄奥尼索斯艺术）的标准，还是区分强健生命与孱弱生命的关键。②

——————

　　①　尼采把"热爱命运"（Amor fati）看成是衡量人类伟大与否的程式。KSA6，S. 297.
　　②　需要注意的是，阿波罗艺术与狄奥尼索斯艺术都有其形而上学的内涵。只不过阿波罗艺术的形而上学内涵会被其梦幻般的表象所遮蔽。洞悉了阿波罗冲动与狄奥尼索斯冲动辩证关系的人，一样也可以在阿波罗艺术（譬如荷马史诗）中获得一种形而上的审美体验。追求形而上的审美体验是人之天性。然而欧里庇得斯的出现改变了这一切。欧里庇得斯作为批评家的才能胜过了他作为诗人的才能。他以一种思想家的方式从事艺术，最终促使一种理论的、概念的形而上学，替代了艺术的形而上学。

《悲剧的诞生》导读二：
悲剧的诞生、消亡及复兴

悲剧的诞生

　　亚里士多德认为，悲剧是用"包含有节奏和音调的语言"来模仿"一个严肃，完整且有一定长度的行动"，人们在观看悲剧时，会产生对命运的恐惧和对英雄的怜悯，从而使自身灵魂得到净化。[①] 尼采反对亚里士多德的灵魂净化说。他认为，悲剧的目的不是让灵魂得到净化，而是通过"超越恐惧与怜悯"的方式，传达一种"生成之永恒喜悦本身，——这种喜悦在其自身中也包含有毁灭的喜悦"。[②] 这包含有毁灭的生成之喜悦即狄奥尼索斯式喜悦。此外，悲剧也不是对行动的模仿，而是对音乐（太一）的模仿。

　　民歌、抒情诗是悲剧的准备阶段。而民歌又是抒情诗的源头。阿尔基洛科斯是第一位将民歌引入希腊文学的人。民歌与抒情诗的对立面是史诗。对史诗来说，重要的是用语言来描述特定的人物和特定的场面；而对民歌或抒情诗来说，重要的则是音乐旋律。在民歌中，"旋律是第一位和普遍

---

　　① 亚里士多德：《诗学》，陈中梅译注，商务印书馆 1996 年版，第 63 页。
　　② KSA6，S. 160. 中译本见：[德] 尼采：《悲剧的诞生：尼采美学文选》，周国平译，上海人民出版社 2009 年版，第 425 页。

的东西"。① 是旋律让民歌产生出来，而不是相反。源于民歌的抒情诗也是如此。无论民歌还是抒情诗，都是由旋律和语言两个部分组成。旋律代表酒神狄奥尼索斯冲动，而语言则代表日神阿波罗冲动。因此，民歌和抒情诗都是狄奥尼索斯与阿波罗结合的产物。② 在结合过程中，阿波罗臣服于狄奥尼索斯的神威，于是，人类的"语言高度紧张，全力去模仿音乐"。③ 根据语言模仿音乐，还是模仿现象界（Erscheinungs-und Bilderwelt），可以把阿尔基洛科斯的抒情诗与荷马史诗区分开。

阿尔基洛科斯的抒情诗对音乐旋律高度依赖。尼采认为，对于纯粹音乐来说，形象和概念并不重要。抒情诗里之所以会有形象和概念，是因为音乐"容忍它们与自己并存"。④ 语言是形象和概念的集合体，它虽然能模仿音乐，但却"决不能展示出音乐最幽深的核心"。⑤ 音乐最幽深的核心是太一。语言能模仿太一，但却不能解释太一。现代美学犯的最大错误就是试图用语言解释太一。于是人为地在审美与艺术品（音乐）之间树立了一道障碍。艺术品（音乐）不再和太一直接相关，而却与语言、理性直接相关。

悲剧和民歌、抒情诗一样，是狄奥尼索斯与阿波罗结合的产物。它由悲剧合唱队（dem tragischen chore）发展而来。⑥ 尼采之前对悲剧合唱队的理解主要有两种代表性观点：一种观点将悲剧合唱队看作"与剧中贵族势力相对抗的民众"，也就是说，合唱队是古希腊民主政治的萌芽；还有一种观点是将悲剧合唱队理解为"理想的观众"，⑦也就是说，合唱队在舞台上扮演着一种旁观的，类似于观众的角色，它并不推动故事发展。尼采认为，这两种

---

① KSA1, S. 48. 中译本见：[德]尼采：《悲剧的诞生》，孙周兴译，商务印书馆 2012 年版，第49 页。
② KSA1, S. 48.
③ KSA1, S. 49. 中译本见：[德]尼采：《悲剧的诞生》，孙周兴译，商务印书馆 2012 年版，第50 页。
④ KSA1, S. 51. 中译本见：[德]尼采：《悲剧的诞生》，孙周兴译，商务印书馆 2012 年版，第52 页。
⑤ KSA1, S. 51.
⑥ KSA1, S. 52.
⑦ KSA1, S. 52. 中译本见：[德]尼采：《悲剧的诞生》，孙周兴译，商务印书馆 2012 年版，第53—54 页。

观点都有很大缺陷。前一种观点试图在悲剧合唱队里发现一种政治的、道德的法则。将民众与贵族对立这样的政治议题引入艺术领域，是对艺术的大不敬。有人试图从埃斯库罗斯和索福克勒斯的悲剧里发现一种"立宪人民代表制（constitutionellen Volksvertretung）"，这是对神灵的亵渎。① 因为，希腊人在践行国家政制时是不知道有一种所谓的立宪人民代表制的；自然，他们在观摩悲剧合唱队的表演时，脑海里也不会凭空升腾起民众反对贵族这样的荒唐想法。② 刻意把艺术政治化，不仅会使人们误解希腊政治，还会使他们误解希腊艺术。

而第二种观点（把合唱队理解为"理想的观众"）则源于德国文艺理论家奥古斯特·威廉·施莱格尔（August Wilhelm Schlegel）。③ 尼采认为，施莱格尔的观点虽然"粗糙，不科学"，但却"光彩夺目"，④值得我们深思和玩味。施莱格尔用简单明了的方式将悲剧合唱队看作"一个经验的实在"（eine empirische Realität），而不是"一件艺术作品"。⑤ 在施莱格尔之前，人们相信，一位合格的观众就是要用艺术的方式去看待一件艺术作品。但施莱格尔却颠覆了这种观点，他认为，一位合格的观众，并不是要把艺术品（比如悲剧）变成一件审美的、消遣性东西，而是要将之变成一种自己可以参与其间的，甚或是可以反复体验的真实经验。在尼采看来，施莱格尔虽然洞悉了真实的经验对于悲剧的重要性，但他却没有考虑到悲剧源于合唱队这个古老传言。如果按照施莱格尔的说法，将悲剧合唱队看成理想的观众的话，那么由合唱队发展而来的悲剧就失去了戏剧的意味。因为，试图从观众这个概念中提炼出一个艺术种类是不可能的；而在悲剧里试图寻找"没有戏剧的观众"⑥也是肤浅的，甚至是荒谬透顶的。可见，施莱格尔所认为的作为"理想

---

① KSA1，S. 52.

② KSA1，S. 53.

③ 奥古斯特·威廉·施莱格尔（August Wilhelm Schlegel），1767—1845 年，文学史家、作家、翻译家，德国浪漫派的奠基人之一。人们为了将他和他的弟弟 Friedrich von Schlegel 区分开来，称其为大施莱格尔。代表著作有《论文学与戏剧艺术》（1808 年维也纳演讲稿）等。

④ KSA1，S. 53.

⑤ KSA1，S. 53.

⑥ KSA1，S. 54.

的观众"的合唱队与悲剧合唱队的原始形态（酒神合唱队），在本质上无法调和。

此外，尼采还分析了席勒对合歌队的看法。席勒在剧本《墨西拿的新娘》序言中将合唱队看作悲剧在自身周围构建起的"一道活动的围墙"（eine lebendige Mauer），①通过这道活动围墙，悲剧让自己与现实世界"彻底隔绝开来"，并以此"保全了它的理想的根基和诗意的自由"。② 尼采认为，席勒的观点与平庸自然主义相对。对平庸自然主义来说，艺术就是对自然的简单模仿。③ 而席勒却认为，合唱队的主要作用不在于模仿自然，而在于隔绝自然。合唱队通过隔绝自然来守护一种属于艺术的理想根基。正是这一根基使悲剧成为可能。"悲剧在这一根基上成长起来，因此，它无疑从一开始就免去了对现实的精确摹写。"④不去摹写现实，并不意味着悲剧是凭空想象出来的。相反，悲剧同样也具有实在性（Realität）和可信性（Glaubwürdigkeit）。因为，就像奥林匹斯山诸神对于虔敬的希腊人来说是真实可信的一样，酒神合唱队中狂歌乱舞的萨提儿（Satyr）⑤身上也具有一种宗教意义上的现实性和可信性。萨提儿歌队具有一种"被神话和祭礼所认可了的现实性"。⑥

萨提儿和近代田园牧歌中的牧人一样，都是人类渴望原始自然的产物。⑦ 希腊人在表达对萨提儿的爱慕时是坚定果敢的，然而，现代人在表达对田园牧歌中的牧人的爱慕时却常常忸怩作态，羞羞答答。这表明现代人对待自然的态度是不坦诚和不健康的。萨提儿是"人类的原型，是人类感情冲动至高至强的表达"，对于狄奥尼索斯式的人来说，萨提儿也是某种"崇高

---

① 《墨西拿的新娘》（*Die Braut von Messina*）是席勒 1803 年创作的一个带有合唱队的悲剧。1803 年 5 月 19 日首次在魏玛公演。该剧的序言是《论悲剧中合唱歌队的使用》（*Über den Gebrauch des Chors in der Tragödie*）。

② KSA1, S. 54.

③ 平庸自然主义强调模仿自然，然而他们的自然却是表象自然，因此他们的模仿不过是在模仿表象罢了。

④ KSA1, S. 55.

⑤ 萨提儿（Satyr），在古希腊神话传说中是酒神的随从。依据赫西俄德的介绍，萨提儿是赫卡特罗斯（Hekateros）的五位女儿之一。在大多数情况下，她被描述为是不穿衣服的，脑子有点问题，崇拜阳具又傻又下流的东西。

⑥ KSA1, S. 55.

⑦ KSA1, S. 57 - 58.

的和神圣的东西"。① 与希腊人的萨提儿相比,现代人(浪漫主义)所向往的牧羊人是一种捏造出来的、软绵绵的、没有生命力的东西。

萨提儿合唱队作为一道隔绝现实活动的围墙,它用一种象征的方式表达出了"物自体与现象之间的原始关系"。② 它以一种隔绝现实的方式来表达世界之本质。因此,由萨提儿合唱队演化而来的悲剧,必然会为观众带来一种形而上的慰藉:"无论现象如何变迁,在万物的根基处,生命都是强大欢乐而又不可被摧毁的。"③

在狄奥尼索斯歌队中,酒神信徒狂歌乱舞,仿佛人人都变成了萨提儿。悲剧合唱队在结构上就是对这种风尚的模仿。

当狄奥尼索斯式观众(dionysischen Zuschauern)观看悲剧合唱队表演时,他们"从合唱队里重新发现了自己",因而,"根本就不存在观众与合唱队的对立",④所有一切都不过是在向酒神狄奥尼索斯致敬。于是,观众与表演者融为一体,都变成了酒神的随从萨提儿。于是,狄奥尼索斯式观众就变成了狄奥尼索斯式着魔者(dionysischen Verzauberten)。

对于希腊人来说,作为一个旁观者的观众是不可以想象的,观众来看戏剧,就是要参与进来,和悲剧中的英雄一起,体验世事的无常与命运的偶然。因为,在他们心目当中,从戏剧里得来的经验和从生活中得来的经验相比,同样真实。在这里,尼采又回到了施莱格尔的观点上。悲剧观众全神贯注地看戏,以至于"对自己周遭的文明世界也视而不见了",他们误以为"自己就是合唱队当中的一员"。⑤ 此时,观众消失了,合唱队就变成了唯一的观众。这唯一的观众,即施莱格尔所讲的"理想的观众"。

在狄奥尼索斯剧场里,观众坐在层层升高的弧形阶梯上。而在观众正下方,被弧形阶梯半包围着的圆形区域,就是悲剧合唱队的演出场所。尼采这样描述狄奥尼索斯剧场:它的形式"像一个寂静的山谷:舞台上的建筑宛

---

① KSA1, S. 58.
② KSA1, S. 59.
③ KSA1, S. 56.
④ KSA1, S. 59.
⑤ KSA1, S. 59.

如一片灿烂的云景，那些在群山中巡游的酒神信徒①从高处俯视这云景，（在他们眼中）这云景就像一个奇妙而又庄严的框子，狄奥尼索斯的形象就在这个框子中向他的信徒显现"。② 狄奥尼索斯剧场宛如一个"阿波罗形象世界"，而在其中上演的悲剧就是从"阿波罗形象世界里迸出来的狄奥尼索斯歌队"。③

　　在古希腊，狄奥尼索斯歌队与阿波罗歌队是不同的。在阿波罗歌队中，"少女们手持月桂枝，庄严地唱着歌走向阿波罗神庙"，行进中的少女"仍然是她们自己，她们依旧保有她们的市民姓名"；而在狄奥尼索斯歌队中，少女们却把自己的市民身份和社会地位都遗忘掉了，所有的人都变成了神的仆人和神的侍从。④ 在阿波罗歌队里，人人都是独唱歌手，但在狄奥尼索斯歌队里，所有人都会变成演员，投身到酒神大合唱中来。这酒神大合唱，比任何舞台情节或舞台行动（Action）都要古老和原始。在尼采看来，现代舞台剧重视情节和行动，恰恰是对戏剧本源的遗失。对酒神合唱队来说，舞台、情节和行动都不过是幻景（Vision）。这些幻景都是从合唱队里发展演化而来。合唱队在这幻景里"发现了自己所崇敬的主人狄奥尼索斯"。狄奥尼索斯在幻景中受难，并试图通过受难来颂扬自己，因此，他在面对自己多难的命运时，才不会去反抗和挣扎。⑤

　　悲剧诞生之初，作为"舞台主角和幻景中心"的狄奥尼索斯并不是现实存在的，而是被假定为现实存在的。⑥ 这表明悲剧的原始形态只能是合唱队，而不是戏剧。因为狄奥尼索斯只是假定的主角，而不是实际的主角。只是到了后来，人们尝试用真实形象来扮演狄奥尼索斯，并且用舞台幻景来烘托这一悲剧主角时，所谓有人物有情节的狭义的戏剧才正式

---

　　①　这里指坐在剧场的观众。
　　②　KSA1, S. 60. 尼采在这里运用的是比喻手法。云景指的是悲剧舞台，在群山里巡游的酒神信徒则指的是坐在弧形阶梯高处的观众。
　　③　KSA1, S. 62.
　　④　KSA1, S. 61.
　　⑤　KSA1, S. 63.
　　⑥　KSA1, S. 63.

诞生。①

　　如果说悲剧合唱队的作用是激发观众情绪,陶冶他们灵魂的话;那么,人物、语言、情节、行动等舞台元素的出现,则只不过是狄奥尼索斯为了使自己能够"在阿波罗现象中客观化"才做出的妥协;也就是说,狄奥尼索斯只有通过人物、情节等舞台元素,才能让自己在舞台上显现出来。② 于是,在狄奥尼索斯的妥协中,他与阿波罗联合了起来。当这两位天神联合起来之后,酒神狄奥尼索斯就不再用自己的力量说话了。此时,狄奥尼索斯化身成悲剧英雄,他借助阿波罗的力量,以一种类似于荷马的语言来表达自己。③

悲剧的消亡

　　在悲剧发展史上,不得不提到三位杰出人物:索福克勒斯、埃斯库罗斯和欧里庇得斯。尼采认为,索福克勒斯和埃斯库罗斯是悲剧发展的顶峰,而欧里庇得斯则是悲剧没落走向毁灭的罪魁祸首。原因是,欧里庇得斯与苏格拉底为友,把理性思辨引入悲剧当中。那么,理性思辨究竟会对悲剧造成何种伤害呢? 在回答这个问题之前,有必要先了解一下索福克勒斯的代表作《俄狄浦斯在科罗诺斯》。④

　　索福克勒斯在这部剧作里写出了年迈英雄俄狄浦斯的豁达与开朗。索福克勒斯认为,俄狄浦斯虽然触犯了某种自然秩序,破坏了某种社会道德,但是这位高贵的人物并没有因此而犯罪。⑤ 所以,他在经历了奇灾大难后,完全有资格安葬于自己的心仪之地。⑥ 俄狄浦斯的身上表现出一种可怕的

---

　　① KSA1, S. 63.

　　② KSA1, S. 64.

　　③ KSA1, S. 64.

　　④ 《俄狄浦斯在科罗诺斯》是《俄狄浦斯王》的续作。这部剧描写了俄狄浦斯刺瞎双眼自我放逐后,四处漂泊,最终受预言引导,来到了复仇女神厄里倪厄斯的圣林,经过一番波折后,终于葬于此地。参见《罗念生全集》(第2卷),上海人民出版社2007年版,第491—554页。

　　⑤ KSA1, S. 65.

　　⑥ 俄狄浦斯在预言引导下,来到复仇女神厄里倪厄斯的圣林。他想以此为自己的安息之地。但俄狄浦斯的儿子波吕尼刻斯(Πολυνείκης)和俄狄浦斯的王位继任人忒拜国王克瑞翁(Κρέων)却想阻止他。最终,俄狄浦斯还是在雅典国王忒修斯的见证下,葬于此地。

命运三重性：为了挽救忒拜城的人，他必须要破解斯芬克斯之谜，①而要破解这一谜题，却又必须先杀父、后娶母。俄狄浦斯这样的逆天恶行表明，他在展现聪慧时，无意中破坏了最神圣的自然秩序和社会规则，因此才遭受天谴。依据俄狄浦斯的厄运三重性，尼采猜测，这个故事告诉我们，"智慧，特别是狄奥尼索斯式智慧，是反自然的"，在俄狄浦斯身上就透露出这一点："智慧的尖锐矛头终归会反过来刺向智者，智慧就是一种对于自然的犯罪。"②

　　在索福克勒斯的笔下，俄狄浦斯是狄奥尼索斯的化身。他通过自己的不幸命运表现了人与自然之间的关系。狄奥尼索斯式英雄（俄狄浦斯）身上有一种被动的光辉。他在经历了种种磨难后终于意识到，"早先生活里的追求与努力，只不过将其引向最后的消极与被动"。知晓这一切后，年迈的俄狄浦斯不怨天，不尤人，并对自我命运表现出一种豁达和开朗来。

　　俄狄浦斯表现出来的被动，不是自暴自弃，而是洞悉命运之苦难后的一种坦然。这是一种狄奥尼索斯式被动，而狄奥尼索斯式主动则体现在埃斯库罗斯笔下的普罗米修斯身上。③尼采称普罗米修斯为"提坦式艺术家（der titanische Künstler）"，他不但相信"自己能创造出人类"，还相信自己"至少能毁灭掉奥林匹斯山诸神"，为了展现自己的卓越能力，他甘愿背弃诸神，去迎接那"永恒的苦难"。④

　　普罗米修斯盗火给人并因此蒙受苦难，这不仅表明对人来说火是一种神圣的、至善至美的东西；还表明人只有通过渎神才能"分享这种至善至美

----

　　① 这是索斯克勒斯在《俄狄浦斯王》里所描写的故事。俄狄浦斯无意中杀死自己的亲生父亲忒拜国王后，来到了忒拜城，此时忒拜城正遭受狮身人面兽斯芬克斯的灾难，田野空前干旱，牛羊多得瘟疫而死，城中有孕之人亦皆小产。要消除这种灾难，必须得破解斯芬克斯之谜：话说有一种动物，它早上走路的时候是四条腿，中午的时候是两条腿，晚上却变成三条腿。在它的腿最多的时候，它最无能。请问这个动物是什么？这个"谜题"在俄狄浦斯到来之前无人能够破解。忒拜城人心惶惶。俄狄浦斯猜出该谜题的谜底是"人"，由此解救了忒拜城，并成为忒拜城的新国王，迎娶了前任国王的妻子（即自己的母亲）为王后。

　　② KSA1，S. 67.

　　③ 《普罗米修斯》是埃斯库罗斯的代表剧作。参见《罗念生全集》（第 2 卷），上海人民出版社2007 年版，第 95—203 页。

　　④ KSA1，S. 68.

的东西"。因此，人还必须接受渎神的后果，即永远沉浮于"苦痛和忧患的洪流"之中。①

普罗米修斯与俄狄浦斯的不同之处在于，普罗米修斯对待渎神和犯罪抱有一种积极的、自觉的态度（俄狄浦斯的渎神却是无意的）。在普罗米修斯心中，亵渎神灵是彰显自己能力的大好机会。对神灵而言，普罗米修斯偷盗圣火必须遭受惩罚，这是正当的；而对于人类而言，因为受到普罗米修斯的莫大恩惠（获得圣火），就必须要赞扬他，陪他一同受难受苦，这也是正当的。因此，当人与神作为个体存在时，他们都是"合理的"；但是，当他们交织并存时，他们就"必须为自己的个体化而遭受苦难"。② 普罗米修斯传说的内在核心是，"提担式的奋斗个体势必得亵渎神灵"。③ 普罗米修斯在亵渎神灵的行为中传达了一种犯罪和受难的自觉。在尼采看来，这种犯罪与受难的自觉，即狄奥尼索斯式主动性。

尼采进而断言，普罗米修斯戴着狄奥尼索斯的面具在说话，他的所作所为，不过是想扮演狄奥尼索斯，想揭示酒神激情与太一之间的关系。尽管普罗米修斯本质上来说是狄奥尼索斯的扮演者，但在埃斯库罗斯的普罗米修斯身上还存在着一种阿波罗本性。因为普罗米修斯对于正义（Gerechtigkeit）抱有一种自觉的追求。人间缺少火，普罗米修斯就要盗火送给人类；而盗火要受到神界的惩罚，普罗米修斯就甘愿接受惩罚。普罗米修斯这种对待正义的自觉，正是阿波罗本性的体现。因为，阿波罗除了是"个体化之神"外，还是"主管正义的界限之神"。④

可见，在埃斯库罗斯的普罗米修斯身上存有着一种双重本性（Doppelwesen），即阿波罗本性和狄奥尼索斯本性。⑤ 不过，这种双重本性并不能改变普罗米修斯扮演酒神狄奥尼索斯的事实。尼采认为，"希腊悲剧在其最古老的形态中仅仅是以酒神受难为题材，并且在相当长一段时间内，

① KSA1, S. 69.
② KSA1, S. 70.
③ KSA1, S. 70.
④ KSA1, S. 71.
⑤ KSA1, S. 71.

惟一登场的舞台主角也正是酒神狄奥尼索斯"，但欧里庇得斯的出现却改变了这一切。① 在欧里庇得斯之前，悲剧舞台上出现过的一切著名角色，比如埃斯库罗斯的普罗米修斯和索福克勒斯的俄狄浦斯，都不过是原始主角酒神的傀儡。欧里庇得斯与前人不同，他将人们的日常生活搬上了舞台。于是，观众在舞台上再也看不到狄奥尼索斯了，他们看到的只能是他们自己。观众在看欧里庇得斯的悲剧时，"听到和看到的都是跟自己极其相似的人"，可悲的是，他们还会为"这些人物的能说会道感到开心"。② 欧里庇得斯让观众跟他的戏剧一起平庸化。然而，他竟然还为观众能从他的戏剧里学到一点诡辩技巧而洋洋自得。这是多么滑稽的一件事情！

在尼采看来，欧里庇得斯的自大本事都是从著名的丑八怪苏格拉底身上学到的。在欧里庇得斯和苏格拉底之前，激发希腊人创作欲望的是神话。荷马史诗和早期悲剧就是神话艺术的代表。而欧里庇得斯在苏格拉底影响下，却尝试用一种智者的辩证法来代替神话。于是，在欧里庇得斯的戏剧中，英雄习惯于用诡辩来伪装自己的热情，伪装自己与神话之间的亲缘关系。然而，这一切就宛如"赫拉克勒斯的猴子"一般，只知道用"古老的奢华来装点自己"。③

欧里庇得斯的悲剧改变了戏剧与观众之间的关系。以前，观众从合唱队里发现英雄命运的同时也发现了自己的命运，于是，他们会心甘情愿地融入狄奥尼索斯式迷醉当中。但欧里庇得斯却大胆地把日常生活搬上舞台，他不仅在戏剧里惟妙惟肖地模仿日常生活，还将日常生活包装得比现实更巧妙和有趣。就这样，欧里庇得斯模仿观众，而当观众在看完他的戏剧后，被剧中的俏皮话和冷静的思辨吸引，又会反过来模仿欧里庇得斯。悲剧就

---

① KSA1, S. 71.
② KSA1, S. 77.
③ 赫拉克勒斯（Ηρακλὴς）的猴子，古谚语，指的是那些披上赫拉克勒斯的狮皮来炫耀自己的人（KSA1, S. 75.）。据说，赫拉对英雄赫拉克勒斯心存芥蒂，于是就把他给弄疯了。发疯后的赫拉克勒斯将自己的 12 个孩子丢进大火中烧死。清醒之后他为了赎罪，必须为国王欧律斯透斯（Εὐρυσθεύς）完成 12 件大事。这 12 件大事中的第 1 件就是要杀死刀枪不入、铜皮铁骨的涅墨亚巨狮（Λέων τῆς Νεμέας），并取得它的皮回来。赫拉克勒斯取回狮皮以后，某些不是英雄的人却披上它来扮演英雄，炫耀自己的英武。

陷入平庸者相互模仿的怪圈。这是多么令人扼腕的恶性循环！

　　当然，在欧里庇得斯的心中，他比所有的观众都要机灵和高明。他一生只敬重两位观众：一位是作为思想者的自己，另一位就是他的导师和战友苏格拉底。欧里庇得斯在苏格拉底的影响下，毕其一生都反对狄奥尼索斯，试图将狄奥尼索斯从悲剧舞台上赶下来。然而，酒神的威力实在太过强大，以至于当欧里庇得斯步入晚年后，年老力衰的他不得不在作品中承认自己的失败。他的晚期剧作《酒神的伴侣》就是明证。在这部剧作中，聪明绝顶的彭透斯最后也不得不被酒神迷惑，走向山林去迎接自己的厄运。而亵渎神灵的欧里庇得斯，在礼赞酒神后，也选择用自杀来结束生命。

　　如果说欧里庇得斯晚年在酒神感召下还能有所觉悟的话，那么苏格拉底就是一位彻头彻尾的顽固分子。他一生不理解悲剧，也从没有重视过悲剧。他假装无知，试图以理性求知的方式亵渎神灵，并以此为乐。尼采认为，苏格拉底受到希腊竞赛文化的熏陶，他曾经"以挑衅之势走遍雅典，造访那些最为伟大的政治家、演说家、诗人和艺术家，却到处都遇上知识的自负与傲慢"。① 苏格拉底发现，雅典城内缺少真知，充满了幻相，而在艺术和道德伦理方面，更是如此。② 于是，他以竞赛者（挑衅者）的形象出现，意图终结在雅典城邦中流行的意见与意见之间，或者说幻相与幻相之间的文化竞赛。正是苏格拉底，这位矮小丑陋且缺乏艺术细胞的希腊人，通过他的理性乐观主义，彻底瓦解了希腊最为杰出的艺术形式：音乐悲剧。苏格拉底代表了"一种前所未有的此在方式的典型，即理论家的典型"。③ 他于狄奥尼索斯的意志世界和阿波罗的表象世界之外，重新构建了一个概念的世界。生活于概念世界中的人，不但抛弃了世界的表象，而且还彻底地远离了世界的本质。

　　受苏格拉底影响的欧里庇德斯戏剧，努力地想在舞台上摆脱狄奥尼索

---

① KSA1, S. 89.
② KSA1, S. 89.
③ KSA1, S. 98. 中译本参见《悲剧的诞生》，孙周兴译，商务印书馆 2012 年版，第 109 页。

斯元素，但又实现不了史诗那样的阿波罗效果。①　于是它就只能转头去寻找新的刺激，即"替代阿波罗式直观的冷静思辨，和替代狄奥尼索斯式欢快的虚假热情"。②　悲剧的这一转变，都跟欧里庇德斯所奉行的"审美苏格拉底主义(den aesthetischen Sokratismus)"有关。对于苏格拉底来说，德性即是知识，而欧里庇德斯却将这一苏门律令进一步发展为，美就是理智，也就是说，"凡是美的，就必须得是合乎理智的"。③　如果以此为评价标准，那么，狄奥尼索斯激情就是一种不理智、不健康的东西。

欧里庇德斯之所以敢明目张胆地对抗狄奥尼索斯，其底气和胆量完全是从苏格拉底那里继承而来，因此，苏格拉底才是狄奥尼索斯的真正敌人。在苏格拉底的思想中，存在着乐观主义的三种基本模式：美德即是知识；人只有出于无知才会犯罪；有道德者才会幸福。④　尼采认为，在这三种乐观模式中蕴含了狄奥尼索斯和悲剧的毁灭与死亡。

其实从索福克勒斯开始，悲剧的狄奥尼索斯根基就已碎裂。在索福克勒斯的戏剧里，悲剧合唱队不再承担戏剧效果的主要任务，它的地位和作用变得跟悲剧演员一样。因此，在苏格拉底出现以前，就存在一股反狄奥尼索斯的潮流。苏格拉底不过是这一潮流的集大成者，他的出现标志着这一潮流的最后胜利。

尽管如此，尼采在批判苏格拉底理性乐观主义的同时，还提出了一个值得深思的问题：一个"艺术的苏格拉底"是否可能？或者说，当理性苏格拉底走向艺术时会出现何种状况？

悲剧的复兴

在《悲剧的诞生》第 14 节结尾处，尼采提到苏格拉底临终前在狱中经常

---

① KSA1, S. 84.
② KSA1, S. 84.
③ KSA1, S. 85.
④ KSA1, S. 94.

做的一个梦,这个梦在不同的时间以不同的形式不断在说同一个意思:"苏格拉底,去从事音乐吧。"① 虽然苏格拉底认为他自己的思索和求知是最为高级的艺术形式。但在狱中的他还是听从了梦的召唤,创作出一首阿波罗颂歌,以及几篇改自伊索寓言的小诗。② 这是哲人苏格拉底此前从未做过的事情。可见,苏格拉底临终前还是对他以前野蛮的渎神行为作了一定程度的反思,同时也在哲学与艺术的关系问题上作了相当程度的妥协。

苏格拉底之所以会做这样的梦,是因为他在无意识当中,对逻辑和理性的界限还保留有一丝怀疑。本着这一丝怀疑,苏格拉底在狱中难免会追问自己:我不能理解的东西是否就必定不可理解?会不会存在一个没有逻辑专家的智慧王国?艺术是不是与科学(Wissenschaft)相关,并且是科学的必要补充?③ 在苏格拉底的这般追问里,就可以滋生悲剧思想复兴的可能。

在尼采看来,希腊人在各个方面都驾驭着我们当前的文化。苏格拉底是希腊人中极为杰出的一位。他用理性乐观主义终结了希腊神话,驱逐了酒神狄奥尼索斯;人类命运与太一之间的亲密关系因为他的出现戛然而止。他是一位可以凭借理性本能而生,又可以凭借理性本能而死的人。④ 赴死的苏格拉底因而成了为理性(科学)献身的第一人,他的死为后世理论家树立了一个可以效仿的榜样。

苏格拉底理性乐观主义之所以能流行于世,是因为人类历史上有一段时期战火蔓延,民众四处迁徙,生活乐趣被大大削弱。于是子杀父,友相残,甚至连自杀也演变成一种风尚。⑤ 当宗教和艺术不再能给人提供以慰藉,苏格拉底主义就开始流行了。苏格拉底式求知欲,在其初级阶段是与艺术

---

① KSA1, S. 96. 苏格拉底在狱中尝试用伊索寓言和阿波罗颂歌的风格来创作抒情诗,朋友问他为什么会有这样的兴致,苏格拉底说,这源于他这段时间常做的一个梦,梦在不同时间以不同的声音说着同一件事:"苏格拉底,去培养和实施作诗的技艺吧。"尽管如此,苏格拉底还是当众宣称,"我正在实践的哲学是各种技艺当中最为伟大的。"参见《柏拉图全集》(第1卷),《斐多篇》(Φαίδων),王晓朝译,人民出版社2002年版,第55—56页。

② KSA1, S. 96.

③ KSA1, S. 96.

④ KSA1, S. 99.

⑤ KSA1, S. 100.

（尤其是狄奥尼索斯艺术）为敌的。① 然而，等其发展到了它的极限时，艺术就会再次应运而生。此时，"科学必然会突然一变成为艺术"，因为，艺术本来就应该是科学突破自己，寻求进一步发展时所必然要达到的目的。②

既然悲剧艺术是因为音乐精神（狄奥尼索斯精神）的消失而灭亡的，那么它就必然会因为音乐精神（狄奥尼索斯精神）的复兴而得以再生。尼采对音乐精神的重视，从他引用过的叔本华的一段话里，可以看出缘由：

> 音乐与其它所有艺术的区别在于，音乐不是现象的映象，或者更为确切地说，音乐并不是意志的适当客观化，而径直就是意志本身的映象，因此，相对于世界上的一切物理因素来说，它是形而上学性质的，而相对于一切现象来说，它是物自体③。

音乐不仅是意志的语言，它还能激发狄奥尼索斯冲动，使阿波罗的形象与概念获得前所未有的升华和提升。"音乐能力最为重要的体现就是它能促使神话诞生，尤其是能促使悲剧神话的诞生。"④

那么，这种能促使悲剧神话再次诞生的音乐精神，究竟在哪里可以寻得呢？尼采认为，在德国音乐，或德国文化中，可以发现狄奥尼索斯式音乐精神的滋长和蔓延。⑤ 德国文化虽然也受到了苏格拉底主义的浸染，但因为有狄奥尼索斯力量的护佑，德国精神并没有因此被彻底摧毁，他就像在深渊中熟睡的骑士一样，"总有一天会从沉睡中醒来，朝气蓬勃：清醒后，他会斩杀蛟龙，扫除奸诈小人，唤醒布仑希尔德（Brünnhilde）——哪怕沃坦（Wotan）的长矛也不能阻挡它的道路"。⑥

---

① KSA1，S. 102.

② KSA1，S. 99.

③ KSA1，S. 106. 中译本参见《悲剧的诞生》，孙周兴译，商务印书馆 2012 年版，第 119 页。叔本华原文参见：［德］叔本华：《作为意志和表象的世界》，石冲白译，商务印书馆 2009 年版，第 362 页。

④ 尼采：《悲剧的诞生》，KSA 第 1 卷，第 107 页。

⑤ KSA14，S. 54 - 55.《悲剧的诞生》注释第 17 条："在德国音乐中，这种精神从它神秘的幽深中再次彰显出来，并促成艺术的诞生。而在德国哲学中，这同一种精神寻找到了概念上的自我认识。"

⑥ KSA1，S. 153 - 154. 布仑希尔德（Brünnhilde），传说中好战而粗野的女王，在瓦格纳的《尼伯龙根指环》中，她是沃坦（Wotan）和埃达（Erda）的女儿，生性好战，但举止上还算文明有礼，后来成为英雄齐格弗里德（Siegfried）的妻子。沃坦是统治世界制定法规的天神，埃达则是"天底下最有智慧的女人"。齐格弗里德曾斩杀过蛟龙，获得尼伯龙根宝藏；此外他还唤醒了布仑希尔德，并迎娶她为妻子。这里尼采将德国精神比作瓦格纳音乐剧中的悲剧英雄齐格弗里德。

尼采在这里把德国精神比作瓦格纳音乐剧《尼伯龙根指环》里的英雄齐格弗里德。齐格弗里德孔武有力，他杀死蛟龙，占据尼伯龙根宝藏，后来还迎娶了好战美女布仑希尔德，并最终迎来被诅咒的命运。将德国精神比作齐格弗里德，表明尼采希望德国能像这位英雄一样，成就一番伟业，去大胆迎接自己的命运。

那么，怎样才能让伟大的悲剧英雄——德国精神——从沉睡中清醒呢？尼采认为，首先要对希腊文化(或狄奥尼索斯悲剧精神)的再生怀有信念。

在《悲剧的诞生》第 20 节结尾处，他呼吁道：

> 是的，我的朋友们啊，请和我一起信仰酒神的生命，信仰悲剧的再生吧。苏格拉底式人物的时代已经过去了：请你们戴上常春藤花冠，拿起酒神杖，如若有虎豹躺在你们脚下奉承你们，你们也无须惊奇！现在请大胆地做一个悲剧式人物吧：因为你们必将由此得到拯救。①

然而，要想唤醒沉睡中的德国精神，仅仅对希腊文化的再生怀有信念是不够的。还需弄清楚，什么才是希腊文化的真正核心。显然，狄奥尼索斯悲剧精神，就是希腊文化中最核心、最宝贵的东西。希腊人对此没有一种自觉的认识。在古典主义时期，歌德、席勒等人曾以希腊为榜样，号召德国人竭力向雅典学习。② 但是，这场声势浩大的思想运动并没有"在德国文化和希腊文化之间建立一种持久的盟约"。③ 因为这场思想运动从一开始就没触及希腊文化的狄奥尼索斯核心。于是，歌德们在不断赞叹希腊艺术的静穆与伟大时，遗憾地与希腊文化的本质失之交臂。尽管如此，歌德和席勒等人留给后世最好的东西就是对希腊文化再生的信念。因为，只有在这种信念的支撑下，我们才能进一步思考，什么是欢快的希腊人，什么是狄奥尼索斯音乐精神。

狄奥尼索斯音乐精神(悲剧精神)可以让人坚信"此在的永恒欢乐"，这

---

① KSA1，S. 132. 中译本参见《悲剧的诞生》，孙周兴译，商务印书馆 2012 年版，第 150 页。
② 尼采在这里指的是德国古典主义时期效法古希腊文学艺术的思想风潮，代表人物有温克尔曼、席勒、歌德等。
③ KSA1，S. 129.

欢乐不是作为个体存在的欢乐，而是大家共同作为"一个生命体"，与世界意志(太一)的繁殖欲望融为一体的欢乐。①

希腊人正是怀着这种欢乐来对待自己的生命，对待狄奥尼索斯悲剧艺术。他们像一个永远天真的孩子，并不知道在自己手中诞生了何等高贵的玩具(希腊艺术)。他们只是出于游戏的快感，在创造出某种玩具后又会亲手将这一玩具毁掉。② 对希腊人而言，创造与毁坏的过程中所体验到的快乐是等同的。

希腊人不像印度人那样，沉醉于苦思冥想的世界中虚耗自己的生命，也不像罗马人那样，为获得世界霸权与荣誉而疲于奔命；相反，希腊人借助悲剧的力量，借助酒神狄奥尼索斯的力量，在行动与思考之间，寻找到一种奇妙的平衡(悲剧)，并由此实现了自身的最高价值。③ 这种平衡并不长久，因为他们随后就出于游戏的冲动，亲手毁掉这一平衡。

在希腊人毁掉悲剧这一杰出"玩具"后，行动与思考的关系失衡。于是理论世界观与悲剧世界观之间就"存在着一种永恒的斗争"。④

这种永恒的斗争首先体现在新阿提卡酒神颂歌(neueren attischen Dithyrambus)⑤上。新阿提卡酒神颂歌这样的艺术形式出现于公元前 5 世纪晚期，它以发扬和传播酒神颂歌为己任，强调音乐上的创新。不过，这种新酒神颂歌披着酒神的外衣却干着反对酒神的勾当。它的出现，标志着科学精神已经攻陷了狄奥尼索斯艺术的城门。因为，在这种颂歌里，"音乐不再表达内在的本质和意志，相反，它只是通过概念来不充分地模仿现象"。⑥相对于原始酒神颂歌来说，这种新的酒神颂歌不过是一种退化了的变质音乐。它以一种亵渎神灵的方式，将音乐变成了"模仿现象的画像"，并以此

---

① KSA1, S. 109.

② KSA1, S. 110.

③ KSA1, S. 133 - 134.

④ KSA1, S. 111.

⑤ 新阿提卡酒神颂歌(Der neuere attische Dithyrambus)诞生于公元前 5 世纪晚期，代表人物有米利都的提摩太(Τιμόθεος ο Μιλήσιος；c. 446 - 357 BC)、基内西亚斯(Κινησίας；c. 450 - 390 BC)、麦拉尼皮德斯(Μελανιππίδης；c. 480 - 412 BC)、费罗萨努斯(Φιλόξενος；c. 435 - 380 BC)，这些诗人掀起了创新酒神颂歌的"新音乐"运动。

⑥ KSA1, S. 111 - 112.

"彻底剥夺了音乐创造神话的力量"。① 而真正的狄奥尼索斯音乐,是直接与太一、神话相关的。在狄奥尼索斯颂歌中,音乐理应是现象的主人。但是,在新酒神颂歌里,音乐却"异化了自己,从而将自己贬降为现象的奴隶"。② 可见,新酒神颂歌没有把狄奥尼索斯音乐精神继承下来。

那么诞生于 16 世纪晚期的意大利歌剧呢? 它是否改变了苏格拉底流行于世的现状,并很好地继承了狄奥尼索斯音乐精神呢? 显然,答案也是否定的。意大利歌剧的本质是苏格拉底文化的体现。它根子上就和狄奥尼索斯精神格格不入。在歌剧中,音乐家为了满足观众听清楚歌词的愿望,使用了大量的宣叙调③来叙事,让音乐沦落到一种可有可无的附属地位。而与宣叙调相伴的咏叹调④虽然强调音乐性,强调抒情,但其实质不过是借"抒情式的感叹词,来不断地重复一些语言和句子罢了"。⑤ 在歌剧中,歌词才是主人,音乐只是服务于歌词的奴隶。歌词代替了音乐成为意大利歌剧的灵魂,这表明,歌剧完全是从理论家中间,而不是从艺术家中间诞生出来的。⑥ 因此,在它的身上时刻透露出一种咄咄逼人的习气。歌剧不但自身是理论的,它还试图要求观众在欣赏它时也应是理论的。歌剧用一种苏格拉底式乐观主义来强行推销自己的"音乐"法则。这与亚历山大的攻城略地有什么本质上的区别?

与意大利歌剧不同的是德国音乐。德国音乐从德国精神的狄奥尼索斯根基里诞生出来。它有着从巴赫到贝多芬,再从贝多芬到瓦格纳的光荣传统。⑦ 在德国音乐中可以发现狄奥尼索斯精神逐渐苏醒,奋起反抗苏格拉底文化的整个过程。

苏格拉底主义的宣传者意图通过消解神话来确立知识与科学的合法

---

① KSA1, S. 112.
② KSA1, S. 112.
③ 宣叙调(Recitativ),又译为朗诵调,在歌剧里着重叙事,音乐只起辅助性的作用。
④ 咏叹调(stilo rappresentativo),在歌剧里比宣叙调多一些音乐性,着重抒情。
⑤ KSA1, S. 121.
⑥ KSA1, S. 123.
⑦ KSA1, S. 127.

性。他们选择用概念建构一个安稳的王国，并以此来取代艺术给人们带来的形而上学慰藉。因而，悲剧精神或狄奥尼索斯音乐精神想要再次诞生，首先就得摧毁理论家"探索自然根基的信念和对知识万能功效的信念"。① 这两种信念是苏格拉底理性主义的基石。只有摧毁了这两种信念，概念所构建的理性王国才会崩塌，从而转变成知识的废墟；当知识成为废墟后，悲剧精神和狄奥尼索斯音乐精神才能获得足够多的养分，得以再生。

为了更好地界定狄奥尼索斯音乐精神，尼采还区分了三种不同类型的文化：苏格拉底文化、艺术文化和悲剧文化。② 苏格拉底文化是亚历山大式的征服文化，科学与理性就是其攻城略地的武器；艺术文化则是希腊式文化（阿波罗主导的文化），生活于这一文化中的人会选择沉溺于艺术的幻相，试图借此忘却生存之苦楚；而悲剧文化却是一种佛教文化，③生活于此文化中的人会"求助于形而上学的慰藉，认为永恒的生命在现象的漩涡之下，川流不息，不可以被摧毁"。④ 显然，尼采在此误解了佛教文化。他所谓的佛教文化（或悲剧文化），不过是将狄奥尼索斯精神与叔本华的悲观主义结合后的产物。

尼采心目中最好的文化类型当然是佛教文化与希腊文化的结合。这种文化类型的艺术体现就是希腊悲剧。只有在悲剧中，狄奥尼索斯音乐精神才能得到完美体现。这种已消亡的狄奥尼索斯音乐精神在德国音乐里得以复燃："悲剧吸收了音乐至高的纵情狂欢的力量，因此，它直接将音乐带到了完满的境界，在希腊人那里是这样，在我们这里也是这样。"⑤

尼采所说的德国音乐，主要指瓦格纳音乐。他以瓦格纳的音乐剧《特里斯坦与伊索尔德》⑥第三幕为例，认为当这个伟大的交响乐乐章开始演奏

---

① KSA1, S. 111.
② KSA1, S. 116. 誊清稿里是理论文化、艺术文化、形而上学文化。参见 KSA14, S. 55.《悲剧的诞生》注释第 18 条。
③ 大八开本版（GA）里是印度（婆罗门）文化。参见 KSA14, S. 55。
④ KSA1, S. 115.
⑤ KSA1, S. 134.
⑥ 《特里斯坦与伊索尔德》（Tristan und Isolde），瓦格纳的音乐剧，全剧分为三幕。1865 年 6 月 10 日首演于慕尼黑国家剧院。

时,听众就像"把耳朵紧贴在世界意志的心房上"一样,"感觉到猛烈的此在欲望如同狂暴的急流,或者如同潺潺的小溪,从这心房流入到所有的世界血管中来"。① 在瓦格纳音乐剧中,阿波罗元素与狄奥尼索斯元素重新得到融合,而悲剧神话和悲剧英雄也在音乐中携手,"把我们从向往此在的贪婪中解救出来",并提醒我们,在生活表象之外,"还有另外一种存在和一种更高的欢乐"。② 如果说音乐是世界的本质,那么戏剧就是这一本质的影像。一部音乐剧优秀与否,在于其音乐与戏剧之间的搭配是否和谐。瓦格纳音乐剧的戏剧与音乐是极其和谐的,因而它就是未来音乐的样板。阿波罗与狄奥尼索斯这对神祇兄弟再次联合起来,"酒神的魔力刺激了阿波罗的情绪冲动,让其在假象中升华到了至高点,但酒神的魔力竟然还能强迫这种充盈的阿波罗力量为其服务",③这是多么奇妙的一件事情!

于是,在瓦格纳音乐剧中,爱尔兰公主伊索尔德唱道:

> 在极乐之海的
>
> 澎湃波涛中,
>
> 在芬芳气浪的
>
> 喧哗回响中,
>
> 在世界呼吸的
>
> 万物飘零中——
>
> 淹没—沉沦—
>
> 　不在有意识——这至高的欢乐!④

观众在听到伊索尔德这段最后的歌唱时,必然会为生命沉沦感到震惊,为现象世界崩塌感到畏惧。生命毁灭了,现象世界因而也就不存在了,一切都重新回归到太一的怀抱。在这现象世界的大破坏和大幻灭中,观众无疑

---

① KSA1, S. 135.

② KSA1, S. 134.

③ KSA1, S. 141.

④ KSA1, S. 141. 该段引文出自瓦格纳《特里斯坦与伊索尔德》第三场第三幕。伊索尔德说完这段话以后,就追随已逝爱人特里斯坦离世而去。在《悲剧的诞生》1872 年第一版中,引文是"在澎湃波涛中,在喧哗回响中,在世界呼吸的万物飘零中,——淹没,沉沦,——不再有意识——这至高的欢乐!"。参见 KSA14, S. 57.《悲剧的诞生》注释第 22 条。

会在内心深处体会到一种狄奥尼索斯式"至高的，艺术的原始快乐"。①

瓦纳格出现以后，悲剧就在德国再生了，而"审美的听众（der aesthetische Zuhörer）也随之再生了"。② 审美的听众与批评家听众相对。对批评家听众来说，艺术只是一种供他们茶余饭后消遣的东西；他们的美学批评，不过是将虚荣自私的交际活动系在一起的纽带。③ 而审美的听众则相反，他们在观看悲剧时获得的不仅仅是一种精神上的陶冶和激励，更是一种发现生命与神话、命运与太一的亲缘关系后的喜悦。在这种喜悦中，他们看到"浓缩了的世界图景"（das zusammengezogene Weltbild）。④ 当这一浓缩的世界图景在观众眼前展现出来时，狄奥尼索斯艺术的原始现象就在舞台上、在观众的心中蔓延开来。

如果要把握狄奥尼索斯艺术的原始现象，首先就应从音乐的不谐和音（der musikalischen Dissonanz）⑤来领会。不谐和音以一种刺耳的、反常规的方式来破坏阿波罗式音乐的和谐。它可以在瞬间让舒缓悦耳的音乐崩溃。这种效果就像狄奥尼索斯神威遇到阿波罗式幻相一样。不谐和音之于阿波罗音乐是不谐和的，而人类之于大自然也是不谐和的。人就是大自然的不谐和音。人类这种不谐和音为了能够在大自然中存活，唯有寄希望于阿波罗的壮丽而又谐和的幻相。唯有在这谐和的幻相中，人类的不谐和才能表现出艺术层面的意义。

虽然阿波罗式艺术的谐和很重要，但对于一个音乐家来说，他的艺术才能，更多还是体现在他对不谐和音的理解与把握之上；就像一个民族的艺术才能主要体现在其对狄奥尼索斯与悲剧神话的接受程度上一样。

德国精神曾被以法国为代表的罗马文明所浸染过，因此，它迷失了回归

---

① KSA1，S. 141.
② KSA1，S. 143.
③ KSA1，S. 144.
④ KSA1，S. 145.
⑤ 不谐和音（Dissonanz），音乐术语，跟音程与和弦有关。不谐和音程，不谐和和弦，在传统音乐中有时候会出于需要，让音乐的和谐音程崩溃。瓦格纳在其音乐剧中经常使用不谐和音。谐和音程听起来悦耳，而不谐和音程听起来则刺耳、浑浊。

故乡——希腊文明——的道路；但狄奥尼索斯作为向导却试图在音乐中帮助德国人重新寻求自己的精神家园。现在，"狄奥尼索斯式鸟叫声已然在德国人头顶响起，希望能为他指明回乡之路"。

以瓦格纳音乐剧为代表的德国音乐，已然听从酒神的召唤，它作为"回家"的开路先锋，正在与苏格拉底文化进行殊死决战。[①] 战斗打响了，那么，悲剧文化在德国的复兴还会远吗？

---

① 尼采在这里将德国精神置于以法国为代表的罗马文明的对立面。德国文化理应根源于希腊文明，但是它却被法国的罗马文明所浸染（罗马文明的本质就是苏格拉底文化），于是不得不与之做激烈的斗争，以便能将罗马因素清洗出去。如果联系到尼采写《悲剧的诞生》时正值普法战争，那么，拥有参战经验的青年尼采在书中将这场战争引向文化领域，当然也是可以理解的。

参考文献

① Alexander Tille. *Von Darwin bis Nietzsche: Ein Buch Entwicklungsethik*. Leipzig：Naumann，1895.

② Bayertz K.，Gerhard M. und Jaeschke W.（eds）. *Der Darwinismus-Streit*. Hamburg：Felix Meiner verlag，2012.

③ Brian Leiter. *Nietzsche on Morality*. 2nd ed. ，London ＆ New York：Routledge，2015.

④ Christine Swanton，*Virtue Ethics: A Pluralistic View*，New York：Oxford University Press，2003.

⑤ Christine Swanton，*Virtue Ethics of Hume and Nietzsche*，Chichester：Wiley Blackwell，2015.

⑥ Dirk R. Johnson. *Nietzsche's Anti-Darwinism*. Cambridge University Press，2010.

⑦ Friedrich Nietzsche，*Frühe Schriften*，B. 5，Herausgegeben von Hans Joachim Mette und Karl Schlechta，München：Verlag C. H. Beck，1994.

⑧ Friedrich Nietzsche，*Sämtliche Briefe*，Kritische Studienausgabe in 8 Bänden（KSB），Hrsg. von Giorgio Colli und Mazzino Moninari，München：Walter de Gruyter，1988.

⑨ Georges Roux. *Delphi: Orakel und Kultsättten*, München: Hirmer Verlag, 1971.

⑩ Gregory Moore and Thomas H. Brobjer(eds) *Nietzsche and Science*. Ashgate Publishing, 2004.

⑪ Henning Ottmann, *Nietzsche Handbuch*. Stuttgart-Weimar: J. B. Metzler, 2011.

⑫ John Richardson. *Nietzsche's new Darwinism*. Oxford university press, 2008.

⑬ Karl Kerényi. *Die Götter-und Menschheitsgeschichten*, Zürich: Rhein-Verlag, 1951.

⑭ Martin Persson Nilsson, *Dionysiac Mysteries of the Hellenistic and Roman age*, Lund: Gleerup, 1957.

⑮ Nietzsche F. *Sämtliche Werke*, Kritische Studienausgabe in 15 Bänden (KSA). Herausgegeben von Giorgio Colli und Mazzino Montinari. München: Deutscher Taschenbuch Verlag/Walter de Gruyter, 1988.

⑯ Ola Hansson. *Nietzsche*. Aus dem Schwedischen übersetzt und herausgegeben von Erik Gloßmann, Regensburg: Klaus Boer Verlag, 1997.

⑰ Tuncel Y.(eds). *Nietzsche and Transhumanism: Precursor or Enemy?* Cambridge Scholars Publishing, 2017

⑱ Volker Gerhardt und Renate Reschke(eds) *Nietzsche*, *Darwin und die Kritik der Politischen Theologie*. Akademie Verlag, 2010.

⑲ Walter Kaufmann. *Nietzsche: philosopher*, *psychologist*, *antichrist*. Fourth Edition, Princetion, New Jersey: Princeton Universtity Press, 1974.

⑳ [英]查尔斯·达尔文:《物种起源》,周建人、叶笃庄、方宗熙译,商务印书馆 1997 年版。

㉑ [英]查尔斯·达尔文:《人类的由来及性选择》,潘光旦、胡寿文译,湖南

科学技术出版社 2015 年版。

㉒ [法] 丹尼尔·哈列维：《尼采传》，叶德新译，新世界出版社 2012 年版。

㉓ [法] 笛卡尔：《谈谈方法》，王太庆译，商务印书馆 2001 年版。

㉔ [德] 海德格尔：《尼采》，孙周兴译，商务印书馆 2014 年版。

㉕ 韩王韦：《自然与德性：尼采伦理思想研究》，中国社会科学出版社 2020 年版。

㉖ [英] 赫胥黎：《人类在自然界的位置》，蔡重阳、王鑫、傅强译，北京大学出版社 2010 年版。

㉗ [英] 赫胥黎：《天演论》，严复译，商务印书馆 1981 年版。

㉘ [英] 基托：《希腊人》，徐卫翔、黄韬译，上海人民出版社 1998 年版。

㉙ [法] 吉尔·德勒兹：《尼采与哲学》，周颖、刘玉宇译，社会科学文献出版社 2001 年版。

㉚ 计海庆：《增强、人性与"后人类"未来：关于人类增强的哲学探索》，上海社会科学出版社 2021 年版。

㉛ [德] 康德：《道德形而上学奠基》，李秋零译，《康德著作全集》（第 4 卷），中国人民大学出版社 2005 年版。

㉜ [法] 拉·美特利：《人是机器》，顾寿观译，商务印书馆，1996 年版。

㉝ [德] 朗格：《唯物论史》，李石岑、郭大力译，河南人民出版社 2016 年版。

㉞ [美] 朗佩特：《尼采与现时代：解读培根、笛卡尔、尼采》，李致远、彭磊、李春长译，华夏出版社 2009 年版。

㉟ [英] 劳伊德-琼斯：《尼采和古代世界研究》，奥弗洛赫蒂等编：《尼采与古典传统》，田立年译，华东师范大学出版社 2007 年版。

㊱ [美] 列奥·施特劳斯：《柏拉图式政治哲学研究》，张缨等译，华夏出版社 2012 年版。

㊲ [法] 吕克·费希：《超人类革命：生物科技将如何改变我们的未来？》，周行译，湖南科学技术出版社 2017 年版。

㊳ [德] 洛维特：《从黑格尔到尼采》，李秋零译，生活·读书·新知三联书店 2006 年版。

㊴［美］麦金太尔：《追寻美德：道德理论研究》(第2版)，宋继杰译，译林出版社2011年版。
㊵［德］尼采：《悲剧的诞生：尼采美学文选》，周国平译，上海人民出版社2009年版。
㊶［德］尼采：《悲剧的诞生》，孙周兴译，商务印书馆2012年版。
㊷［德］尼采：《悲剧的诞生》，孙周兴译，商务印书馆2012年版。
㊸［德］尼采：《狄俄尼索斯颂歌》，孟明译，华东师范大学出版社2013年版。
㊹［德］尼采：《荷马的竞赛》，韩王韦译，上海人民出版社2018年版。
㊺［德］尼采：《尼采诗集》，周国平译，作家出版社2012年版。
㊻［德］尼采：《权力意志——重估一切价值的尝试》，张念东、凌素心译，商务印书馆1998年版。
㊼［德］尼采：《希腊悲剧时代的哲学》，周国平译，商务印书馆1994年版。
㊽《尼采与古代》，田立年译，华东师范大学出版社2011年版。
㊾［德］萨弗兰斯基：《尼采思想传记》，卫茂平译，华东师范大学出版社2007年版。
㊿［德］萨弗兰斯基：《尼采思想传记》，卫茂平译，华东师范大学出版社2007年版。
(51)［德］叔本华：《作为意志和表象的世界》，石冲白译，商务印书馆2009年版。
(52)［美］所罗门：《与尼采一起生活：伟大的“非道德主义者”对我们的教诲》，郝苑译，生活·读书·新知三联书店2018年版。
(53)［德］维布莱希特·里斯：《尼采》，王彤译，中国人民大学出版社2010年版。
(54)［古希腊］亚里士多德：《尼各马可伦理学》，廖申白译注，商务印书馆2013年版。
(55)［古希腊］亚里士多德：《政治学》，吴寿彭译，商务印书馆2019年版。

后　记

与哲学家遭遇是偶然,相伴却是命运。读博初期计划研究本雅明,后来因缘际会转到了尼采。虽然以前也看过尼采的传记和一些作品,但总归有点乱翻书的意思。况且尼采的狂妄也颇令人不喜。君子温如玉,尼采显然并非君子。

此外,尼采对研究者也是不友好的。他没有一个完整的思想体系,也不喜欢给事物下明确的定义。无论是模棱两可的描述,还是对道德价值的破坏性剖析,亦或是核心概念"权力意志""永恒轮回""超人"的神秘主义气息,都使得其可阐释空间变大,同时,也让研究者之间的分歧变得难以调和。因此,"误读"似乎是难以避免的。但无论如何,我们都可以借尼采这个名号来表达一些自己的思考。

从科学、艺术、伦理三方面重构尼采,某种意义上讲是我的一次精神漫游。其宗旨不在于给尼采思想进行补白,让其变得更清晰、更有条理,而在于借此形成自己的个人思想史。因此,尼采的思想转型何尝不是研究者自己的思想转型,价值重估又何尝不是研究者自己的价值重估。

"物华时变更,兴趣日相续。"漫游总归是以兴趣为导向,而兴趣又往往取决于人的生理条件和消化能力。

身体机能和营养状况为生命划定了界限,而后精神就会在这界限之上起舞。进化、退化、充盈、虚无都跟这场生命舞会有关。在这生命舞会中,人认识了自己,成为其所是。

本书系上海市哲学社会科学规划课题一般项目"尼采与进化论关系问题研究"的阶段性成果。除附录以外,其余内容皆在各类期刊上发表过,在这次结集成册时做了适当的修订。本书有幸收入"智能文明时代的哲学探索"丛书,并由上海社会科学院创新工程资助出版,在此深表感谢!

图书在版编目(CIP)数据

尼采的三副面孔 / 韩王韦著 . — 上海 : 上海社会
科学院出版社，2024
ISBN 978 - 7 - 5520 - 4357 - 0

Ⅰ.①尼… Ⅱ.①韩… Ⅲ.①尼采(Nietzsche，
Friedrich Wilhelm 1844 - 1900)—哲学思想—研究 Ⅳ.
①B516.47

中国国家版本馆 CIP 数据核字(2024)第 072633 号

尼采的三副面孔

著　　者: 韩王韦
责任编辑: 董汉玲
封面设计: 周清华
封面创意: 夏艺堂艺术设计
出版发行: 上海社会科学院出版社
　　　　　上海顺昌路 622 号　邮编 200025
　　　　　电话总机 021 - 63315947　销售热线 021 - 53063735
　　　　　https://cbs. sass. org. cn　E-mail: sassp@sassp. cn
排　　版: 南京展望文化发展有限公司
印　　刷: 上海龙腾印务有限公司
开　　本: 710 毫米×1010 毫米　1/16
印　　张: 11.75
插　　页: 2
字　　数: 176 千
版　　次: 2024 年 6 月第 1 版　　2024 年 6 月第 1 次印刷

ISBN 978 - 7 - 5520 - 4357 - 0/B · 347　　　　定价: 85.00 元